Reinalter | Geheimbünde. 100 Seiten

* Reclam 100 Seiten *

HELMUT REINALTER, geb. 1943, war Professor für Geschichte der Neuzeit und Politische Philosophie an der Universität Innsbruck und leitet heute das private Forschungsinstitut für Ideengeschichte. Seine Forschungsschwerpunkte sind die Politische Geschichte der Neuzeit, Politische Ideengeschichte, Theorien und Methoden der Geisteswissenschaften und Geheimbünde.

Helmut Reinalter

Geheimbünde. 100 Seiten

Reclam

2020 Philipp Reclam jun. Verlag GmbH,
Siemensstraße 32, 71254 Ditzingen
info@reclam.de
Umschlaggestaltung: Philipp Reclam jun. Verlag GmbH
nach einem Konzept von zero-media.net, München
Infografik (S. 19): annodare GmbH, Agentur für Marketing, Leipzig
Bildnachweis: S. 9, 12, 21, 25, 59: Wikimedia Commons;
S. 37: Realy Easy Star / Alamy Stock Foto; S. 43: Niday Picture
Library / Alamy Stock Foto; S. 63: bpk | Adoc-Photos;
S. 67: Stadtarchiv München BuR-1659-1-002a; S. 84: Chris Willson /
Alamy Stock Foto; S. 93: Library of Congress.
Druck und Bindung: Elanders Waiblingen GmbH,
Anton-Schmidt-Straße 15, 71332 Waiblingen
Umschlagmaterial: Creative Print, Schabert
Printed in Germany 2025
RECLAM ist eine eingetragene Marke
der Philipp Reclam jun. GmbH & Co. KG, Stuttgart
ISBN 978-3-15-020542-6
reclam.de

Für mehr Informationen zur 100-Seiten-Reihe:
reclam.de/100Seiten

Inhalt

Vorwort: Geheimnis, Geheimwissen, Geheimgesellschaft

Geheimbünde machen Weltpolitik, heißt es in zahlreichen literarischen Werken und Sachbüchern immer wieder. Dahinter steckt die Vorstellung, dass es grundsätzlich geheime Mächte sind, die Politik gestalten und bestimmen. Nicht selten verdichten sich solche Behauptungen zu der Verschwörungstheorie, dass die ganze Welt von konspirativen Kräften und Gruppierungen gelenkt werde. Das Geheimnis besitzt einen Zauber, es übt eine besondere Anziehungskraft auf uns aus. Manchen Menschen war und ist es ein Bedürfnis, sich durch den Besitz eines Geheimnisses, egal welcher Prägung, von ihren Mitmenschen zu unterscheiden. Dies trifft besonders bei Initiationsriten bzw. -prüfungen zu, die eine Gemeinschaft zusammenschweißen können. In der nicht informierten breiteren Öffentlichkeit hingegen wird unter Initiation meist etwas Düsteres, Phantastisches, Unheimliches verstanden, das daher häufig abgelehnt wird.

Die Begriffe ›geheim‹ und ›Geheimnis‹ beschreiben Kenntnisse, die der Allgemeinheit verborgen sind und auf einen engen Kreis von Wissenden beschränkt bleiben. Der Begriff ›Geheimlehre‹ wiederum bezeichnet eine esoterische Lehre, die nach innen gerichtet ist. Meist enthält sie religiöse oder philosophische Ideen, die den ›Uneingeweihten‹ nicht mitgeteilt werden dürfen. Als geheim wird häufig auch ganz allgemein das verstanden, was rational nicht erklärt werden kann.

Will man die Geheimbünde typologisch einteilen, so muss man auf äußerliche und inhaltliche Unterscheidungskriterien zurückgreifen. Für die meisten Geheimbünde ist die Struktur der Geheimhaltung von besonderer Bedeutung, wobei sich diese auf ganz verschiedene Aspekte beziehen kann. Die Mitglieder von Geheimgesellschaften kennen sich zwar untereinander, treten aber in der Öffentlichkeit nicht als Gruppe auf. Die Geheimhaltung kann auch gesellschaftliche Gründe haben, insbesondere dann, wenn der betreffende Geheimbund kritisiert und vielleicht sogar verfolgt wird. Wenn die Geheimhaltung die Inhalte betrifft, geht es meistens um die Ziele, Rituale und Symbole der Organisation. Manchmal kann sich die Geheimhaltung auch nur auf sehr begrenzte Bereiche beziehen, oder sie ist bei gewissen Sachverhalten oder Erfahrungen notwendig, weil manches spirituelle Phänomen schlicht nicht in Worten mitgeteilt werden kann. Dies trifft etwa auf Mysterien und Initiationen zu.

Eine Typologie der Geheimbünde kann schließlich auch nach ihrer gesellschaftlichen Zuordnung bzw. Einbindung vorgenommen werden. Gemeint ist hier vor allem der Grad ihrer ›Realität‹, d. h. ihr inneres Leben. Eine weitere Möglichkeit der Unterscheidung ist die zwischen Männer- und Frauenbünden. Aus soziologischer Sicht bieten sich noch zusätzliche Kategorien für Geheimbünde an: Sie können philanthropisch-humanitäre, revolutionäre und reformerische, politisch-patriotische, religiöse, mystische und okkulte, militärische und ritterliche, gesellige und auch kriminelle Organisationen sein.

Das Wort ›geheim‹ tritt seit dem 15. Jahrhundert als Adjektiv im deutschen Sprachraum auf. Darunter verstand man ursprünglich ›zum Haus gehörig‹, ›vertraut‹. Man fasst das Geheimnis auch unter dem Begriff ›Esoterik‹ zusammen, die sich vom ›Mysterium‹ wie folgt unterscheidet: Das esoterische Geheimnis wird bewusst verborgen, während das Mysterium nicht rational erklärt werden kann. Das Geheimnis stellt eine im Grunde sensible Information dar, die nur Eingeweihte kennen. Im politischen Bereich hat der Begriff auch die Bezeichnung ›klandestin‹, ein Wort, das vom Lateinischen *clandestinus* (›heimlich, geheim‹) hergeleitet wird. Das Geheimnis ist daher den Mitgliedern der Geheimbünde ein Anliegen, denn es bietet auch einen Schutz gegenüber der profanen Gesellschaft.

Die akademische Disziplin ›Geheimwissenschaft‹ versteht sich als Lehre von den dunklen, dem Verstand nicht zugänglichen Gründen der Natur und des menschlichen Lebens. Von Geheimwissenschaften ist auch bisweilen im Sinne des »offenbaren Geheimnisses« nach Johann Wolfgang von Goethe die Rede. Gemeint ist eine Wissenschaft, die den Sinnen verborgen bleibt. Meist werden unter ›Geheimwissenschaften‹ zwei oder mehrere Geheimlehren zusammengefasst, darunter die ideengeschichtlich älteren Geheimlehren der Magie und Astrologie in der Antike und im Mittelalter sowie die jüngeren Lehren der Alchemie, Theosophie und Kabbala in der Neuzeit. Die jüngeren Geheimlehren werden als theistische Spekulationen eingestuft, die Pansophie war pantheistisch oder panentheistisch ausgerichtet. Sie waren beeinflusst von den kosmologischen, theologischen und jüngeren philosophischen Spekulationen über die Natur sowie den Lehren der Gnosis und des Neuplatonismus. Im Mittelalter spaltete sich die ursprünglich als Einheit aufgefasste Magie in eine »weiße« (göttliche) und in eine »schwarze« (satanische).

Geheimgesellschaften bzw. Geheimbünde waren und sind Vereinigungen, die im bereits erwähnten Sinne ihre Ziele, Struktur und Aktivitäten bewusst geheim halten. Viele Geheimbünde gehören zu den gnostisch-theosophischen oder alchemistisch-pansophischen Ideenrichtungen. Bezüglich ihrer Entstehung, Zielsetzung, Organisation und auch ihrer Handlungen unterscheiden sie sich voneinander, teilen aber ihre sogenannten Geheimnisse. Ihre Ziele und Interessen können esoterisch, aufklärerisch, politisch, religiös oder auch kriminell sein. Die Verpflichtung zur Geheimhaltung betrifft die Namen, die Anzahl der Mitglieder, die Führung, die hierarchische Struktur, die Ziele und Aktivitäten, aber auch die Treffpunkte, die Aufnahmeriten, die vorhandenen Dokumente; teilweise wird auch eine symbolische Geheimsprache entwickelt.

Geheimbünde sind nicht auf bestimmte Regionen, Kulturen und Epochen beschränkt, sondern finden sich in zahlreichen Ländern der Welt. Unter der großen Anzahl von Geheimgesellschaften muss aber zwischen Geheimbünden mit exoterischen (nach außen gerichteten) und esoterischen (nach innen gerichteten) Zielen grundsätzlich unterschieden werden. Ein exoterisches Ziel wäre etwa ein politischer Umsturz, ein esoterisches die Suche nach Erkenntnis. In der Forschung wird betont, dass Geheimbünde als Träger von Geheimlehren so alt sind wie die menschliche Kultur. So gab es bereits in vorchristlicher Zeit kultische Geheimbünde mit Mysterien, wie z. B. den Dionysoskult in Rom oder die ägyptischen Gottheiten, in der römischen Welt sind Isis und Osiris, Kybele und Dea Syria sowie der Mithraskult zu nennen. Trotz ihrer Unterschiede wiesen diese Mysterienkulte auch Gemeinsamkeiten auf. Dazu gehörten die Arkandisziplin und der geheime Charakter ihrer Initiationen, Kultzentren, Jenseitserwartungen und Lebenshaltungen.

Geheimbünde sind, wie bereits angedeutet, nicht nur in Europa zu finden, sondern auch bei vielen außereuropäischen Völkern in unterschiedlichsten Orientierungen und Ausprägungen. Sie existierten bereits sehr früh in den ostasiatischen Hochkulturen Chinas und Japans. Auch im Kulturraum Ozeanien waren sie vorhanden, etwa in Polynesien und Melanesien, in Neuguinea. In Afrika spielten sie eine besonders wichtige Rolle, beispielsweise der Nyau-Kult in Südostafrika oder andere Gruppen in Westafrika. Auch unter einigen nordamerikanischen Stämmen existierten zahlreiche Geheimgesellschaften.

Ich persönlich finde das Thema Geheimbünde sehr spannend, weil diese im Hintergrund und Untergrund tätigen Kräfte die allgemeine Geschichte oft beeinflusst haben, in den Handbüchern aber kaum erwähnt werden. Da mein Geschichtsverständnis, also meine Auffassung von Geschichtsforschung und meine Forschungsinteressen, sich mehr auf historische Tiefendimensionen und Kräfte bzw. Bewegungen konzentrierten, die die Geschichte verändert haben, bin ich auf dieses komplexe Thema gestoßen.

Okkultismus

Eng mit den Geheimlehren und dem Geheimwissen hängen auch der Okkultismus und der Obskurantismus zusammen, zwei Begriffe, die in Verschwörungstheorien – wie Geheimbünde insgesamt – eine gewisse Konjunktur haben. Der zweite Begriff wurde von Aufklärern des 18. Jahrhunderts als rhetorisches Mittel benutzt. Man verstand darunter eine oft metaphysische oder auch religiöse Denkweise, die im Gegensatz zu den Ideen der Aufklärung stand. Der Begriff Obskurität wurde vom lateinischen *obscuritas* (›Dunkelheit, Unverständlichkeit‹) abgeleitet. Nach 1790 wurde diese Bewegung von den Aufklärern als ›Obscurantismus‹ bezeichnet.

Unter ›Okkultismus‹ versteht man eine unscharfe Sammelbezeichnung für Verborgenes, Verdecktes und Geheimes, für Praktiken und weltanschauliche Systeme. Der Begriff fand auch für unterschiedliche esoterische Strömungen des 19. und frühen 20. Jahrhunderts Verwendung; bei den Gegnern des Okkultismus hatte er immer einen abwertenden Unterton, eine abwertende Konnotation. Schon im 16. Jahrhundert kam der Begriff ›okkulte Philosophie‹ auf. Wahrscheinlich ging er auf den Gelehrten Heinrich Cornelius Agrippa von Nettesheim (1486–1535) zurück, der darunter die Elemente der Hermetik, des Neuplatonismus und der christlichen Kabbala zusammenfasste. Ein bedeutsamer Vertreter dieser philosophischen Richtungen war Giovanni Pico della Mirandola (1463–1494), der wie Agrippa versuchte, das hermetische, hebräische und klassische philosophische Wissen zusammenzutragen, um es dann mit der christlichen Theologie zu verbinden. Diese okkulte Philosophie wurde zur Zeit der Renaissance zunächst durchaus positiv gesehen. Später stand sie unter starker Kritik und wurde wegen ihrer Theurgie denunziert: Gemeint ist ihre Lehre von Wundern mit Gotteshilfe bzw. der magischen Gestaltung zu guten Zwecken, die der kirchlichen Haltung widersprach.

In der Gegenreformation bekamen die Gegner des Renaissance-Neuplatonismus und der damit verbundenen okkulten Strömungen Aufwind. Im 16. Jahrhundert sprach man dann sogar von okkulten Wissenschaften; gemeint waren die Astrologie, Alchemie und Magie. Zur Zeit der Aufklärung wurde der Okkultismus als antiaufklärerisch abgelehnt. Die okkulten Spekulationen kulminierten in Helena Blavatskys synkretistischem Werk *Die Geheimlehre* (1888). Im 20. Jahrhundert wurde der Begriff Okkultismus dann sehr häufig synonym für das Wort Esoterik verwendet. Dabei haben sich zwei Richtungen herausgebildet: der empirische und der esoterische Okkultismus. Die erste Richtung beschäftigte sich mit okkulten Erscheinungen und wollte sie wissenschaftlich begründen, die zweite Variante setzte sich mit dem ›Geheimwissen‹ auseinander, das nur für Eingeweihte zugänglich war.

Schon im 19. Jahrhundert, dann aber besonders im 20. Jahrhundert wurde der Okkultismus als Gegenbewegung zur Moderne eingestuft und als vernunftfeindlich ausgelegt. Der deutsche Philosoph Theodor W. Adorno hat in seinen *Minima*

Moralia (1951) von einer »Rückbildung des Bewusstseins« und von einer »Metaphysik der dummen Kerle« gesprochen. Andererseits haben Vertreter der esoterischen Strömung immer wieder Versuche gemacht, den Okkultismus auch als Bestandteil der Moderne darzustellen. Begründet wird dies mit dem Hinweis, dass die Okkultisten des späten 19. und frühen 20. Jahrhunderts sich nicht gegen den wissenschaftlichen Fortschritt gestellt hätten. Zu dieser Richtung zählte auch Rudolf Steiner mit seinem theosophischen Denken.

Mit dem Okkultismus entstanden Verschwörungstheorien, die sich bis in die Zeit des Nationalsozialismus hielten. Auch Adolf Hitler wurde okkultes Wirken zugeschrieben; zudem hat man ihn mit dem Satanismus in Verbindung gebracht. Innerhalb des in der Zwischenkriegszeit und nach 1945 erschienenen Schrifttums vor allem über den »Nazi-Okkultismus« ist das Buch von Louis Powels und Jacques Begier, *Aufbruch ins dritte Jahrtausend* (1962), hervorzuheben. In dieser Schrift wurde die Behauptung aufgestellt, dass die Nationalsozialisten Kontakt zu einer geheimnisvollen unterirdischen Zivilisation hergestellt hätten. Die beiden Autoren behaupteten, in Berlin sei eine »Vril-Gesellschaft« mit dem Ziel gegründet worden, eine neue Menschenrasse zu schaffen. Auch die Thule-Gesellschaft habe dabei eine wichtige Rolle gespielt, indem sie geheimes Wissen vermittelt habe. Dabei berief man sich auf Kontakte der Thule-Gesellschaft zu einem geheimen Klosterorden in Tibet. Der »Okkult-Mythos« wurde nach 1945 zur Propagierung rechtsextremer Ziele instrumentalisiert. Dabei kam es zu einer Vermengung von Rechtsextremismus und esoterischen Lehren.

Okkultistische Lehren und Praktiken haben auch heute großen Einfluss auf die zeitgenössische Kunst. Schriftsteller

Helena Blavatsky (1831–1891), die Mitbegründerin der Theosophischen Gesellschaft

und Künstler greifen immer wieder okkultistische Ideen und Erfahrungen auf. Auch Kinofilme widmen sich immer häufiger okkultistischen Motiven. Sogar die Alternativmedizin verwendet manchmal Praktiken aus dem Bereich des Okkultismus. Beispielsweise gibt es Filme über die Esoterik und die religiösen Züge des Nationalsozialismus sowie bestimmte Heilungslehren, die sich auf Planeten, Farben, Mondphasen, Edelsteine und Tierkreiszeichen berufen.

Verschwörungen – Verschwörungstheorien

Wie bereits erwähnt, spielen Geheimbünde auch bei Verschwörungen und besonders in Verschwörungstheorien eine zentrale Rolle. Auffällig ist, dass Verschwörungstheorien besonders in Zeiten von militärischen Niederlagen und Revolutionen, bürgerkriegsähnlichen Konflikten und politischen wie wirtschaftlichen Krisen entstehen. In solchen Situationen, die das Gefühl von Angst und Unsicherheit hervorrufen, suchen Verschwörungstheoretiker gern nach möglichen Verursachern bzw. Sündenböcken, die dämonisiert und für den Zustand der Gesellschaft verantwortlich gemacht werden. Selbstverständlich gab es in der Weltgeschichte immer wieder auch tatsächlich Verschwörungen, die man von Verschwörungstheorien unterscheiden muss.

Unter dem Begriff Verschwörungstheorie versteht man heute den Versuch, Ereignisse, Zustände, Zusammenhänge und Entwicklungen unter dem Aspekt einer Verschwörung zu deuten. Unterstellt wird meist ein zielgerichtetes konspiratives Wirken von Personen oder Personengruppen, etwa den Teilnehmern der Bilderberg-Konferenzen. Verschwörungstheorien vereinfachen die Wirklichkeit, um komplexe gesellschaftliche Zusammenhänge besser verständlich zu machen;

sie reduzieren also diese Komplexität. Hinzu kommt, dass die als Verschwörung charakterisierten Vorgänge nicht objektiv und neutral, sondern immer von einem normativen, also parteiischen Standpunkt aus bewertet werden. Verschwörungstheorien stützen sich nicht auf wissenschaftliche Analysen und Diagnosen, sondern drücken stets eine weltanschauliche Haltung aus. Verschwörungstheoretiker weigern sich im Gegensatz zu Wissenschaftlern, ihre Hypothesen empirisch zu begründen und überprüfbare Bedingungen zu entwickeln. Sie entziehen sich der empirischen Verifizierung bzw. Widerlegung.

Als Grundlage dient allen Verschwörungstheorien ein vereinfachtes Welt- und Geschichtsbild, das davon ausgeht, dass sich komplexe Strukturen der sozialen Wirklichkeit durch gezielte Handlungen von Personen oder Gruppen direkt steuern und beeinflussen lassen. Innerhalb der Verschwörungstheorien überschätzt man die vermeintlichen Verschwörer meist, die als extrem mächtig beschrieben werden, obwohl sie in Wirklichkeit von der Gesellschaft dämonisierte Minderheiten darstellen. Für Verschwörer gehalten werden sehr häufig die Templer, die Aufklärer und Philosophen, die Jakobiner, die Illuminaten und Freimaurer, die Jesuiten, die *Carbonari*, die Sozialisten und Kommunisten sowie die Juden.

Es wird ihnen vorgeworfen, mittels eines raffinierten Geheimhaltungsmechanismus ihre Pläne, Ziele und Absichten vor der Öffentlichkeit zu verbergen. Dabei spielt auch die Idee des »Bösen« eine wichtige Rolle, das als überpersonale, weltbeherrschende Macht eingestuft wird. Viele Verschwörungstheoretiker unterstellen den vermeintlichen Verschwörern oder deren Trägergruppen ein weltweites Beziehungsnetz. Das Reden von internationalen Verbindungen dient vor allem

Zwei Templer auf einem Pferd, Zeichnung aus der *Chronica Maiora* des Matthäus Paris aus dem 13. Jahrhundert

dazu, die nationalen Gefühle der Sympathisanten des Verschwörungsdenkens anzustacheln. Dadurch sollen die Bedeutung und der Einfluss der Verschwörer noch bedrohlicher erscheinen.

Meist haben Verschwörungstheoretiker ein antiliberales Weltbild, das den sozialen Wandel der politischen und gesellschaftlichen Ordnung sowie die Infragestellung überkommener Erwartungshaltungen zum illegitimen und bösartigen Werk von Minderheiten erklärt. Die Verschwörungstheoretiker entwerfen in der Regel auch ein antimodernistisches Feindbild, das gegen Liberalismus, Demokratie, Sozialismus und Kommunismus gerichtet ist.

Verschwörungstheorien erfüllen verschiedene Funktionen: Sie stiften eine gemeinsame Identität und eröffnen vermeintlich neue Erkenntnisse, dienen aber auch dazu, andere zu manipulieren oder eigenes Handeln zu rechtfertigen. Letzteres gilt beispielsweise für Herrschafts-, Unterdrückungs- und Vernichtungsmaßnahmen. Sie sind auch als monokausale und stereotype Ideologie erklärt worden und weisen einen extremen Mythoscharakter auf. Zugleich erfüllen Verschwörungstheorien vordergründig eine rationalisierende Funktion, indem sie vortäuschen, für alle existenziellen Probleme eine einfache Erklärung zu haben. Dabei handelt es sich aber nicht um ein unparteiisches Erkenntnisinstrument, sondern um ein der Feindbestimmung dienendes ideologisch-politisches Werkzeug.

Verschwörungstheorien haben in den letzten Jahrzehnten auch im Internet Konjunktur. Dort kursieren die unterschiedlichsten abenteuerlichsten Verschwörungstheorien, bei denen u. a. die Flüchtlingskrise, die in Brüssel ansässige Denkfabrik »Council of Foreign Relations« von George Soros, die Rothschild-Familie mit ihren Finanznetzwerken, die Bilderberger-Treffen, die angeblich gezielte Vermischung der verschiedenen Nationen und Rassen sowie die unbewiesene Behauptung, dass Angela Merkel die Interessen von jüdischen Milliardären bediene, eine zentrale Rolle spielen.

Verschwörungstheorien konstruieren auch häufig auf der Grundlage von phantastischen Fiktionen eine Meta-Welt, in der Tatsachen von Erfindungen nicht mehr scharf getrennt werden. Die Fiktionen werden dabei zur subjektiven Wirklichkeit des Verschwörungsdenkens. Die Angst vor Geheimbünden und vor den Juden besitzt nach wie vor einen hohen Stellenwert im Denken der Verschwörungstheoretiker. Das Reduzieren komplexer Entwicklungen auf ein Komplott erschwert ein realistisches Verständnis für die tatsächlichen historischen Kräfte und Bewegungen. Verschwörungstheorien verleiten Menschen dazu, etwas zu fürchten oder zu hassen, das in Wirklichkeit harmlos ist.

Geheimbünde im Europa der Neuzeit

Die Rosenkreuzer

Der Geheimbund der Rosenkreuzer fasste eine »Generalreformation der Welt« ins Auge. Zu seinen Mitgliedern zählten die damalige geistige Elite, darunter der Theologe Johann Arndt, Pansophen und Sozialkritiker wie Johann Valentin Andreae, Pädagogen wie Johann Amos Comenius, Ärzte, Alchemisten und Philosophen wie Michael Maier, der Leibarzt von Kaiser Rudolf II., Rechtsgelehrte wie Christoph Besold sowie der englische Arzt und Polyhistor Robert Fludd. Der Geheimbund erlangte eine nicht zu unterschätzende Bedeutung für Politik und Wissenschaft.

Er nahm seinen Ausgangspunkt von den rosenkreuzerischen Traktaten, der *Fama fraternitatis* (1614) und der *Confessio fraternitatis*, die ein Jahr später in Kassel erschien. In diesen Manifesten finden sich ganz neue begriffsgeschichtliche Kategorien wie »Fortschritt«, »Fortschreiten im Erkenntnisvermögen« und »Aufklärung« als praktische und soziale Aufgabe. Die sogenannte »ältere Bruderschaft der Rosenkreuzer« wollte eine Gelehrtenrepublik gründen, um das umfassende Wissen der Zeit ans Licht zu bringen. Im Mittelpunkt der Traktate stand die Person des Christian Rosenkreuz, auf den wahrscheinlich die Gründung der »Bruderschaft des hochlöblichen Ordens der Rosenkreuzer« zurückgeht.

Als Reaktion auf diese Manifeste erschien 1616 in Straßburg eine weitere Veröffentlichung mit dem Titel *Chymische Hochzeit: Christiani Rosenkreutz anno 1459* (gemeint ist ein alchemistisches Symbol des Wandlungs- und Erneuerungsgeheimnisses). Ihr Autor, Johann Valentin Andreae, war wahrscheinlich auch maßgeblich an der Abfassung der erwähnten Rosenkreuzer-Manifeste beteiligt. Posthum erschien Andreaes ausführlicher Bericht über sein Leben, in dem er die Idee einer Weiterführung der Reformation entwickelte. Den Grund für das Versagen der lutherischen Kirche sah er in ihrer Verkümmerung zu einer Staats- und Theologenkirche, aber auch im Zustand der Universität und des Gelehrtenstandes, da sich der Humanismus immer mehr in scholastischer Rechthaberei verliere. Daher forderte er eine Vereinigung, die die Verchristlichung des humanistischen Gelehrtenstandes anstreben sollte.

Mit dieser Reformationsutopie wollte er auf die Zustände reagieren. Offenkundig war sie drei Traditionen verpflichtet: der apokalyptisch-chiliastischen, der alchemistisch-chiliastischen Idee der Naturphilosophen und der Vorstellung von einer idealen Stadt, in der das gesellschaftliche Leben rational geregelt werden sollte. Zur Idee der Weiterführung der lutherischen Reformation kam bei ihm noch die Vorstellung der Lebensgemeinschaft auserwählter Christen in einer gottgewollten Ordnung hinzu.

In der Schrift *Chymische Hochzeit* wird die »Einweihung« bzw. Initiation des Christian Rosenkreuz in »sieben Tagen« geschildert, bei der die Alchemie als Symbol des Wandlungs- und Erneuerungsgeheimnisses praktiziert wurde. Daneben verfasste Andreae noch weitere interessante Schriften wie z. B. den *Turbo,* in dem das Faustthema aufgegriffen und eine anthropologische Auffassung vom Menschen formuliert wurde, die später auch in die Freimaurerei hineinzuwirken begann. Andreae argumentierte darin, dass der Mensch nicht als fertige Persönlichkeit geboren werde, sondern stets an sich weiterarbeiten müsse.

Auch der utopische Entwurf *Christianopolis* wurde im Umfeld der Rosenkreuzer 1619 von Andreae verfasst. Darin beschreibt er einen idealen Staat, der in einem engen Zusammenhang mit der *Nova atlantis* (1627) des Francis Bacon und der *Civitas solis* (1623) von Thomas Campanella zu sehen ist. In der *Christianopolis* thematisiert Andreae nicht nur das Problem der Bildung einer Elitegesellschaft, sondern entwirft auch eine Gegenwelt. Sie gilt als Paradigma einer Reformationsutopie.

Stellten Sozialstruktur und Wirtschaftsleben der *Christianopolis* den Idealtyp einer frühneuzeitlichen Stadt dar, so zeigte ihr kulturelles Leben ein frühbürgerliches Bildungsideal, das sich allen modernen Wissenschaften verpflichtet wusste. Zwar hielt Andreae noch am theologisch-kosmologischen Selbstverständnis fest, doch sein Wissenschaftsideal überwand die scholastische und kirchliche Tradition. Als Bischof von Calw versuchte er später, ein organisiertes Sozialwesen auf der Basis eines christlichen Sozialismus zu errichten. Am Ende seines Lebens hat er in der Schrift *Theophilus* die Idee *Christianopolis* und seine übrigen Reformprogramme nochmals zusammengefasst.

Dass Andreaes *Christianopolis* Bacons heute berühmtere Utopie *Nova atlantis* beeinflusste, ist unumstritten. In Bacons Entwurf kommt dem »Haus Salomonis«, der intellektuellen Führungsspitze in dieser Utopie, eine zentrale Rolle zu, mit

Unter **Chiliasmus** versteht man den Glauben an die Wiederkunft Christi und die Errichtung seines tausendjährigen Reiches. Allgemeiner bezeichnet der Begriff den Glauben an das nahende Ende der gegenwärtigen Welt.

gewissen Parallelen zu den späteren Freimaurerlogen. Die weisen Männer im Haus Salomonis sind weitgehend identisch mit den Rosenkreuzern. Bis ca. 1630 kam eine Fülle von Schriften für und gegen das Rosenkreuzertum heraus, die den Rosenkreuzermythos verbreiteten. Wirkungsgeschichtlich entscheidend wurde aber Johann Amos Comenius, der Andreae als geistigen Vater verehrte. Er erfand ein pansophisches System universellen Wissens, in dem die Weltreformation auf pragmatische Weise verwirklicht werden sollte.

Im Mittelpunkt dieses Vorhabens stand die Pädagogik, mit deren Hilfe die Menschen in Wissen, Sprache und Religion vereinigt werden sollten. Comenius forderte in diesem Zusammenhang ein universelles Kollegium. Er entwickelte auch Pläne zu einer Weltverbesserung und brachte sie nach England, womit er eine unmittelbare Verbindung zwischen den Rosenkreuzern und der englischen Freimaurerei herstellte. Genau wie Andreae wollte er auch über alle trennenden Schranken hinweg einen großen »Menschheitsdom« errichten, in dem Menschen aller Völker, Nationen, Sprachen und Religionen zusammentreffen sollten.

Comenius wurde nicht umsonst auf Betreiben von Freimaurern vom englischen Parlament eingeladen, einen Entwurf für eine humanitäre Gelehrtengesellschaft zu verfassen. In seiner Schrift *Via lucis* (1641) schlägt er ein »Collegium universale« mit Sitz in England vor, das alle Bünde und Bruderschaften der

Zeit mit dem Ziel einer Weltreformation vereinigen sollte. In der Satzung waren die Abgeschlossenheit des Bundes und die Verpflichtung seiner Mitglieder zur strikten Verschwiegenheit vorgesehen. Diese Initiative blieb nicht ohne Wirkung, da aus dem »unsichtbaren Collegium« 1660 die erste moderne wissenschaftliche Gesellschaft, die heute noch existierende Royal Society, hervorging, deren Mitglieder damals in enger Beziehung zum Rosenkreuzertum und zur Freimaurerei standen.

Zwischen der älteren Rosenkreuzerbewegung und der im 18. Jahrhundert entstandenen »Bruderschaft der Gold- und Rosenkreuzer« bestand personell kein direkter Zusammenhang, wohl aber in ideeller Hinsicht. Der erste Hinweis auf die Gold- und Rosenkreuzer ist eine Schrift von Sincerus Renatus (Samuel Richter) aus dem Jahre 1710: *Die wahrhaffte und vollkommene Beschreibung des philosophischen Steins der Bruderschaft aus dem Orden des Gülden- und Rosenkreutzes denen Filiis Doctrinae zum Besten publiciret von S. R. [d. i. Sincerus Renatus]*. Die Verbindung von Rose und Kreuz mit dem Gold stand für die Zweiteilung des rosenkreuzerischen Geheimwissens in Theologie und Philosophie. Im »Stein der Weisen« werden Theologie und Philosophie zu einer Einheit zusammengeführt. In einem französischen Ritual einer Rosenkreuzer-Bruderschaft heißt es u. a., dass der philosophische Weg zum Naturgeheimnis und zu zeitlichem Glück führen solle, der theosophische Weg aber in das höchste Geheimnis der Göttlichkeit. Dank der Schrift ist belegt, dass sich Anfang des 18. Jahrhunderts eine Bruderschaft der Gold- und Rosenkreuzer neu gegründet hat.

Die älteste Quelle über die Gold- und Rosenkreuzerbruderschaft *Aureum Vellus seu Iunioratus Fratum Roseae Crucis* von einem Mitglied der »Prager Assemblée« stammt aus dem Jahre

Kleine Auswahl geheimer Symbole

Die Eule mit dem Buch ist ein Symbol der Illuminaten. Sie bezeichnet das Licht, das sich durch die Dunkelheit seinen Weg bahnt.

Das Emblem der völkisch-antisemitischen Thule-Gesellschaft mit dem Hakenkreuz.

Ordenszeichen der italienischen Carbonari.

Die Monas-Glyphe nach John Dee, wie sie in der *Chymischen Hochzeit* der Rosenkreuzer abgedruckt ist.

Symbole in der Freimaurerei

In der Welt der Freimaurerei spielen Symbole eine entscheidende Rolle. In den Ritualen werden die geistigen Grundlagen der Bruderkette nicht nur reflektiert, sondern auch durch Bilder und Symbole erlebbar gemacht.

Winkelmaß und Zirkel symbolisieren die Fortschritte des Freimaurers und das geistige Werkzeug, mit dem er an seiner Perfektion arbeitet.

Dreieck mit dem Auge: Gleichseitiges Dreieck als Symbol für dreifache Schaffenskraft, Weisheit, Stärke und Schönheit als Symbol des Großen Baumeisters, dem Schöpfer aller Dinge.

Die verschlungenen Bänder sind das Symbol der brüderlichen Verbundenheit.

Der flammende Stern mit dem Buchstaben G im Zentrum bezeichnet Gott, den großen Geometer des Universums.

Pyramide mit Auge: Die Pyramide mit 13 Stufen ist auf jedem US-Dollar abgedruckt und verweist auf die Gründungsversammlung der USA mit den 13 amerikanischen Staaten, die sich 1776 zusammenschlossen.

1761. Sie enthält Statuten sowie ein Ritual und wurde zum Teil wörtlich aus der 1749 in Leipzig erschienenen Schrift von Johann Heinrich Schmidt (alias Hermann Fictuld) abgeschrieben. Zweimal wird darin eine »Societät der Goldenen Rosenkreutzer« erwähnt. Vor 1767 bestand die Bruderschaft aus einem Kaiser und einem Vizekaiser, die aber nach der Ordensreform nicht mehr erwähnt werden, und aus sieben Klassen, die sich aus 77 Magi, 700 Majoratsmitgliedern, 1000 Adepti exempti, 1000 Jüngern sowie aus den zuletzt aufgenommenen Personen zusammensetzten. Spätere Organisationsformen waren bereits in ihrer Grundstruktur angelegt. Laut den Statuten war die Aufnahme von Deisten und »Heiden« verboten, während Juden in Ausnahmefällen beitreten durften. Dies stieß aber später auf strikte Ablehnung.

Der Orden wurde 1764 durch die Aufhebung des Prager Zirkels öffentlich bekannt. In diesem Kreis war bereits eine enge Verbindung zwischen den Rosenkreuzern und der Freimaurerei entstanden, was auch aus der Bezeichnung »Loge zur schwarzen Rose« und aus der Möglichkeit einer Doppelmitgliedschaft hervorgeht. Die Integration der Rosenkreuzer in die Freimaurerei wurde vor allem durch das Hochgradsystem begünstigt, das den aufgeklärten Zielen der Maurerei widersprach. Die Rosenkreuzer gaben sich innerhalb dieses Systems als die höchste Stufe der Freimaurerei aus. So wurde z. B. in dem 1777 erlassenen zweiten Hauptplan betont, zur besseren Verbergung der oberen Klassen seien drei unterste Klassen der Freimaurerei als Pflanzschule zu höheren Wissenschaften errichtet worden. Die Mitgliedschaft in der Freimaurerei wurde zur Voraussetzung für die Aufnahme in die Rosenkreuzer-Bruderschaft.

Das Herrschaftssystem des Ordens wurde durch eine Hierarchie des Wissens ideell gefestigt. Dieses System gliederte sich in neun Grade, die dem jeweiligen Stand in der rosenkreuzerischen Ausbildung und der praktischen sowie theoretischen Kenntnis der Lehre der Rosenkreuzer entsprachen. 1777 zählte der Orden bereits 5856 Mitglieder, die sich nun auf neun Grade verteilten: 7 Magi, 77 Magistri, 777 Adepti exempti, 788 Majores, 799 Minores, 822 Philosophi, 833 Practici, 841 Theoretici, 909 Juniores. Die Mitglieder der Bruderschaft waren Naturforscher, Ärzte, höhere Offiziere, Theologen und Abenteurer, stammten also vorwiegend aus höheren bürgerlichen oder adeligen Schichten.

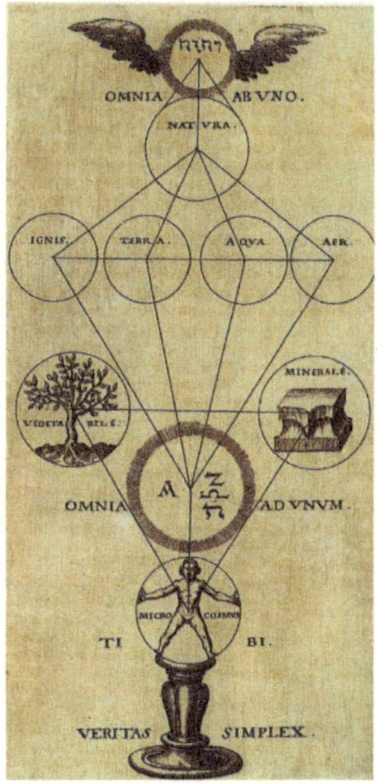

Der Baum der Pansophie, Abbildung aus dem *Speculum Sophicum Rhodostauroticum* (1618) von Theophilus Schweighardt Constantiens

Die Ziele des Ordens waren religiöser Natur. Im Zentrum stand eine pansophische Emanationslehre, wonach die Natur ein »Ausfluss der Schöpferkraft Gottes und somit selbst ein Stück Gottheit sei«. Im Zuge der Entstehung politischer Richtungen in der Aufklärungszeit politisierte sich auch der Orden stark. Dabei standen eine ausgeprägte Personalpolitik und die Bildung einer sozial integrierenden älteren Gruppe im Vordergrund. Das Beispiel Johann Christoph von Wöllners (1732–1800) zeigt allerdings, dass die Rosenkreuzer auch nach der Politisierung des Ordenszweckes religiös orientiert blieben. Die Auseinandersetzung mit der Aufklärung, die die rosenkreuzerische Politik prägte, war ein ausgeprägter Kampf gegen Irreligiosität, Deismus und Naturalismus. Politisches Gewicht gewann der Orden vor allem in Preußen und mit Abstrichen auch in Bayern.

Nach 1767 breiteten sich die Rosenkreuzer rasch aus und gewannen zunehmend an Einfluss, insbesondere in Süddeutschland, Wien, Sachsen, Schlesien, Berlin und weiteren Gebieten in Norddeutschland, Russland und Polen. Mit der Herrschaft König Friedrich Wilhelms II. von Preußen (1744–1797) erreichte der Orden seinen Zenit, doch bald setzte aufgrund seiner verstärkten politischen Aktivität sein Niedergang ein. Intern kam zudem Kritik auf, da versprochene Wunder ausblieben und der Beschluss des Wilhelmsbader Freimaurer-Konvents von 1782 das Hochgradsystem der Strikten Observanz innerhalb der Freimaurerei und damit den Einfluss der Rosenkreuzer schwächte.

Nach 1787 trat der Orden nicht mehr in Erscheinung. In diesem Jahr wurde ein sogenanntes »Silarium«, der einstweilige Stillstand der Arbeit, verfügt. Das genaue Ende der Rosenkreuzer-Bruderschaft ist ebenso wie ihr Anfang leider nicht exakt zu datieren. Die Rosenkreuzer gelten in der Forschung als geradezu idealer Geheimbund, der wohltätiges, geheimes Wissen bewahrte, im Arkanum wirkte und sich mit einer Mischung aus kirchlichen Reformideen und mystischer Alchemie befasste.

Die Freimaurer

Über die Entstehung der Freimaurerei haben sich im Laufe der Zeit verschiedene Theorien, Mythen und Legenden entwickelt. In der älteren Freimaurerforschung wurden direkte Linien zwischen den heutigen Logen und den antiken Mysterienbünden vermutet, um die esoterisch-hermetischen Wurzeln der Freimaurerei zu erklären. Als wesentlich stichhaltiger erwies sich die These, die Vorstufen der modernen Freimaurerei seien die beruflichen Zusammenschlüsse der Handwerker und Bauleute und deren Bruderschaften gewesen. Vor allem enthält das Brauchtum dieser Vereinigungen schon maurerisches Gedankengut. Für die weitere Entwicklung der Freimaurerei wurde dann die Tatsache bedeutsam, dass die Maurergilden in England auch andere Berufsgruppen in ihre Reihen aufnahmen.

Nach der englischen Definition ist die spekulative Freimaurerei, im Unterschied zur Werkmaurerei, der sie entsprang, ein humanitäres System, das in Allegorien gekleidet und durch Symbole gekennzeichnet war. Um 1670 waren bereits in einzelnen Logen die Nicht-Werkmaurer in der Überzahl. Um die innere Gilde der Steinmetze hatte sich ein äußerer Ring gebildet, der sich aus Lieferanten, Söhnen von Maurern, Ortsgeistlichen, Bauhandwerkern, Zimmerleuten, Spenglern und Glasmalern zusammensetzte, die sich später in den inneren Ring integrierten und dann 1717 oder 1721 in London neu formierten. Zu diesem Zeitpunkt wurde auch die erste englische Großloge gegründet.

Der Geheimbund der Freimaurer breitete sich zunächst im britischen Inselreich aus, ehe er auch auf dem Festland, in Frankreich, in den Niederlanden, in Deutschland und Österreich Fuß zu fassen begann. Über mehrere Etappen kam er bis nach Wien. Einen Entwicklungshöhepunkt erreichte die Freimaurerei zur Zeit der Aufklärung. Im Zentrum der Logen, in denen die sich als Weltbürger verstehenden Mitglieder sich eine selbstgeschaffene Ordnung gaben, stand die ritualisierte Freundschaft, die in der Trennung von der Außenwelt, jenseits der ständisch aufgebauten Gesellschaft, der Konfessionen und Staaten erlebt wurde. Mangels eines eigenständigen, wirtschaftlich starken Bürgertums und durch die strukturelle Krise des späten Absolutismus wurde allerdings die Freimaurerei, die die Aufklärungsbewegung unterstützte, zurückgedrängt. Im Niedergang spaltete sie sich schließlich in verschiedene Richtungen auf. Dabei entstanden sogar teilweise entgegengesetzt orientierte Geheimbünde, wie die Gold- und Rosenkreuzer und die Illuminaten.

In der Zeit von Juli bis September 1782 tagte in Wilhelmsbad bei Hanau ein internationaler Freimaurerkonvent, der wegen der Ausuferung der regulären schottischen Hochgradmaurerei in Europa, des Auftretens unseriöser Konkurrenten, Fehlentwicklungen in System und Ritual und wegen Abspaltungsversuchen und Legitimationsproblemen einberufen worden war. Alle diese Bestrebungen weckten in Freimaurerkreisen die Hoffnung auf eine schon längst notwendige Neuordnung. Und in der Tat traten auf dem Konvent sehr heterogene esoterisch-ideologische Strömungen hervor. Die drei Hauptgruppen umfassten nun die Anhänger verschiedener hermetisch-alchemistischer Traditionen, die französischen Vertreter des mystisch-spiritualistisch-martinistischen Lyoner Systems sowie die Rationalisten und Aufklärer. Nach diesem Konvent entstand der »Eklektische Bund« in Frankfurt, der vorsah, dass nur mehr die drei Johannisgrade (Lehrlings-, Gesellen- und Meistergrad) künftig als verbindlich anerkannt werden sollten.

Die Freimaurerei hat zweifelsohne als gesellschaftliche Formation die Aufklärung mitgeprägt. Schon vor der Französischen Revolution hat sie zum Teil demokratische Formen der Willensbildung entwickelt. Das Überwinden territorialer,

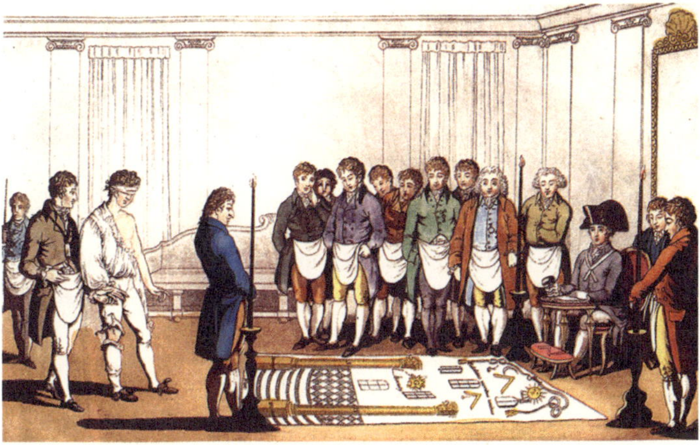

Initiation eines Freimaurers, ca. 1805

konfessioneller und sozialer Schranken war ein wesentlicher Bestandteil des humanitären und gesellschaftlichen Verständnisses der Freimaurerei. Indem sie Toleranz und Freiheit befürwortete sowie nach der Verbesserung der allgemeinen Bildung, dem Abbau der Standesvorrechte und der Beseitigung sozialer Ungerechtigkeiten strebte, geriet sie ins Umfeld der politischen Spätaufklärung und beeinflusste die frühe Phase der Französischen Revolution.

Im 19. Jahrhundert bemühte sich die Freimaurerei um Reformen in verschiedensten politischen und gesellschaftlichen Bereichen. Stark waren damals zudem der Einfluss des entstehenden Nationalismus und die Einigungs- bzw. Freiheitsbewegungen. Auch die Herausbildung des Liberalismus und die Anfänge der Demokratie hat sie mitgeprägt, ebenso wie die beiden Revolutionen im 19. Jahrhundert, die französische

Julirevolution 1830 und die europäische Revolution 1848/49. In der zweiten Hälfte des 19. Jahrhunderts waren Freimaurer auch an der Entwicklung des Laizismus und am Kulturkampf beteiligt. Schon vor dem Ersten Weltkrieg (1914–1918), aber auch in der Zwischenkriegszeit engagierten sie sich für den Frieden und die Entwicklung zum Sozialstaat. Nach dem Zweiten Weltkrieg (1939–1945) nahm die Bewegung sich der Europaidee an und unterstützte den Marshall-Plan zum Wiederaufbau des zerstörten Kontinents. Zur Kirche stand sie immer in einem Spannungsverhältnis – bis zum zweiten Vatikanischen Konzil (1962–1965), auf dem die katholische Kirche sich um Modernisierung bemühte.

Zweifelsohne hat der Geheimbund der Freimaurerei einen teils direkten Einfluss auf die gesellschaftliche Entwicklung seit der Frühen Neuzeit gehabt. Bei der Auflösung der frühneuzeitlichen Dogmen, in der Aufklärung, im Säkularisierungsprozess, in den bürgerlichen Revolutionen, im Liberalismus und bei der Herausbildung der westlichen Demokratien, des Parlamentarismus und bei der Verbreitung der Menschenrechte hat sie wohl eine wichtige Rolle gespielt. Sie hat im Laufe ihrer historischen Entwicklung einen Werterahmen geschaffen, der bis heute aktuell geblieben ist. Die Freimaurerei war und ist eine international verbreitete humanitäre Vereinigung, die unter Achtung der Würde des Menschen für Toleranz, Aufklärung, die freie Entwicklung der Persönlichkeit und allgemeine Menschenliebe eintritt.

In der Welt der Freimaurerei sind Symbole und Rituale von entscheidender Bedeutung. Wie das ganze Werk der Bruderkette durch das Bauen versinnbildlicht werden kann, so beruht ihre rituelle Arbeit auf Bildern und bildlichen Handlungen. Die freimaurerische Symbolik besteht aus Lehrzeichen und symbolischen Handlungen. Rituale sind im freimaurerischen Verständnis sinngerichtete und dementsprechend dramatisch gestaltete Abfolgen symbolischer und allegorischer Handlungen, Worte und Gesten. Im Mittelpunkt der Ritualistik steht die initiatorische Methode, wobei Initiation als Einweihung verstanden wird. Das Ritual bezeichnet jene Ordnung, in der eine sinnbildliche Handlung vor sich gehen sollte. Das Ritual ist vielfach den Gebräuchen der alten Handwerksbruderschaften nachgebildet, aus denen es stammt. In der Freimaurerei hat es vor allem deshalb eine besondere Bedeutung, weil die masonischen Lehren grundsätzlich nicht durch Worte, sondern durch sinnbildliche Formen mitgeteilt werden. Letztlich bildet das freimaurerische Ritual ein System der Verinnerlichung, der inneren Erneuerung, der Gedankenklärung und der Bewusstseinserweiterung.

Da die Freimaurer als Geheimbund mit ihrer Arkandisziplin verdächtig schienen, wurden sie bald zur dämonisierten Minderheit in Verschwörungstheorien. Meistens wurde das Wirken der Freimaurer auch mit dem Judentum in Verbindung gebracht. Im Rahmen der »jüdisch-freimaurerischen Weltverschwörung« strebten angeblich die Freimaurer die Weltherrschaft an. Da die Verschwörungstheorien von der Voraussetzung ausgingen, dass eine Minorität die große Mehrheit manipulieren und den Geschichtsprozess beeinflussen könne, mussten sie dieser Minderheit, nämlich der Freimaurerei, übermenschliche Fähigkeiten andichten. Die schon fast pathologische Züge tragende Angst vor einem drohenden Umsturz der politischen Ordnung manifestierte sich in einer Dämonisierung der Freimaurerei.

Die Ziele des Illuminatenordens, der 1776 von Adam Weishaupt (1748–1830), einem Professor für Kanonisches Recht an der Universität Ingolstadt, gegründet wurde, waren eingebunden in einen universalen geschichtsphilosophischen Begründungszusammenhang. Für die Mitglieder war die Aufklärung eine Entwicklungsstufe des Geschichtsprozesses, dessen Ursprung in einem vorhistorischen Naturzustand lag. Der angestrebte Endzustand sollte sich mit dem Ausgangspunkt der Gesellschaft, dem Naturzustand, decken, es sollte also eine kosmopolitische Weltordnung ohne Staaten, Fürsten und Stände entstehen. Der Illuminatenorden setzte sich für die Wiederherstellung der menschlichen Rechte und die Förderung von Aufklärung und Moral ein, um so jegliche Herrschaft langsam abzubauen.

Unverkennbar schließt Weishaupts Lehre an das utopische Potenzial der christlichen Botschaft an: Die aufkommende Fürstenherrschaft, der westliche Despotismus und die zunehmende Zivilisation hätten das menschliche Naturparadies zerstört, und die Priesterherrschaft, der geistliche Despotismus und die Theokratie hätten die Lehre Jesu verwässert. Die wesentlichste Aussage des Urchristentums sei, so betont Weishaupt, in der »Hülle der Freimaurerei« erhalten geblieben, zumal diese durch ihre Verbreitung der Lehre Jesu und der Vernunft ein aktives Christentum verkörpere. Die Freimaurerei habe sich aber im Laufe der Zeit durch Eigennutz und die Erfindung von neuen Graden, Goldmacherei und Zeremonien von ihrer ursprünglichen Idee so weit entfernt, dass nun die Illuminaten Vernunft und Moral retten müssten.

Letztlich wollte der Orden den die menschliche Natur verderbenden Despotismus überwinden und einen kosmopolitischen Republikanismus errichten, in dem die aufgeklärte Vernunft den Naturzustand des Menschen in Gleichheit und Freiheit wiederherstellt. Damit wurde zum ersten Mal unter Berufung auf die Aufklärung der Geltungsanspruch vernünftiger Normen auf den staatlichen Bereich erweitert. Mit ihrer Forderung nach einem Vernunftstaat zeichneten die Illuminaten eine Utopie, die die politischen Vertreter des aufgeklärten Denkens nun auch verwirklichen sollten.

Anfang 1780 begann sich der Orden, der ursprünglich ein geheimer Studentenbund gewesen war, über Bayern hinaus zu verbreiten. Mit dem Eintritt Adolph Freiherr von Knigges wurde er neu strukturiert und durch eine Reform des Ordenssystems gestärkt. Die Einweihungsgrade des Ordens waren phantasievoll gestaltet und hatten einige Gemeinsamkeiten mit den Hochgraden der Freimaurerei. Knigge konnte durch unermüdlichen Einsatz und dank zahlreicher persönlicher Beziehungen dem Orden weitere Mitglieder zuführen. Der Freiherr beabsichtigte, eine stärkere Verbindung zwischen dem Orden und der Freimaurerei herzustellen, weshalb er die bestehenden Logen unterwandern und dem eigenen Geheimbund einverleiben lassen wollte.

In das Gradsystem des Illuminatenordens wurde die Freimaurerei nun bewusst als zweite Klasse aufgenommen, damit die Logen systematisch unterwandert werden konnten. Die Freimaurerei sollte auf diese Weise vermehrt den politischen Zwecken des Illuminatenordens dienen. Dass sie dabei nur eine Art Hülle der Gesellschaft der Illuminaten bildete, verdeutlicht die Unterwanderung verschiedener Logen. Für diese bewusste Unterwanderung plädierte vor allem Weishaupt, während Knigge, der sehr enge Kontakte zur Freimaurerei unterhielt, eine Vereinigung beider Gesellschaften befürwortete. So hoffte er seinen freimaurerischen Reformplan, die Strikte Observanz zu reinigen, realisieren zu können. Weishaupt war dagegen der Auffassung, dass die unterwanderten Logen zu Hilfsorganisationen der Illuminaten werden sollten, wobei die für den Illuminatenorden ungeeigneten Freimaurer in den Logen zu verbleiben hätten. Letztendlich setzte sich Knigge durch.

Zu seiner Glanzzeit umfasste der Geheimbund 600–700 Mitglieder in ganz Deutschland, die sich größtenteils aus Beamten, Professoren und Weltgeistlichen, darunter auch ein hoher Anteil an Adeligen, zusammensetzten, während Kaufleute und Kleinbürger eher unterrepräsentiert waren. Die verschiedenen Weltsichten und persönlichen Kämpfe, aber auch die Aufdeckung und Verfolgung 1784/85 führten schließlich zum Verfall und zur Auflösung des Geheimbundes. Mit der Aufdeckung des Illuminatenordens bekam die Gegenaufklärung neuen Auftrieb, zumal sie nun den Beweis dafür in der Hand hielt, dass die Aufklärungsbewegung generell religions- und staatsfeindlich eingestellt sei. So wurden die Illuminaten als politische Feinde des bestehenden politischen Systems denunziert; nach 1789 hat man sie als Jakobiner und Urheber der Französischen Revolution beschimpft. Schüchterne Wiederbelebungsversuche der Organisation, wie z. B. Carl Friedrich Bahrdts »Deutsche Union«, hatten nur kurzzeitig Erfolg.

Die Deutsche Union

1786/87 gründete Carl Friedrich Bahrdt zur Verwirklichung seiner radikal-aufklärerischen Ideen eine überregionale und internationale geheime Korrespondenzgesellschaft, die er Deutsche Union nannte. Diese Union, der zu Beginn nur 22 Personen als Mitglieder einer schon vorher in Halle entstandenen Reformloge angehörten, war ein Zusammenschluss von Gelehrten, Schriftstellern und Lesern. Er verstand sich als Autoren- und Leserverband; genaugenommen schwebte dem Gründer ein genossenschaftlich organisierter Selbstverlag von Autoren vor, der einen engen Kontakt zu den Lesern herstellen sollte. Konkret wollte Bahrdt ein Korrespondenznetzwerk durch ganz Europa aufbauen. Eine bedeutende Rolle sollten dabei die Lesegesellschaften spielen, die er vor allem dort errichten wollte, wo seine Union dringend Stützpunkte benötigte. Offenbar dachte er an eine Mischung aus Geheimbund und Leserverband, wobei er den engeren Bund bewusst von der Öffentlichkeit abschirmen wollte. Während in Bezug auf den Bund strikte Geheimhaltung herrschen sollte, bildeten die Lesegesellschaften gleichsam die ›Fassade‹ des Unternehmens. Aus der breiten Mitgliedschaft wollte er einen engeren Personenkreis auswählen, der den esoterischen Kern des Bundes bilden sollte. Das Neue an diesem Geheimbund des ausgehenden 18. Jahrhunderts war seine spezifische Organisationsform, nämlich die Kombination von Geheimbund und Leserverband.

Im Gründungsaufruf *An die Freunde der Vernunft* im Herbst 1787 kündigte Bahrdt eine »literarische Gesellschaft« an, und das in einer Zeit, in der aufklärungsfeindliche Regime scharf gegen kritische Geister vorgegangen waren. Sichtbare Zeichen dieser Reaktion waren die Freimaurerverbote, die Illuminatenjagd und verschiedene Verfolgungen oppositioneller Kräfte. Rosenkreuzerei und Mystizismus, Polizeistaat und Spitzelwesen waren damals an der Tagesordnung. Bahrdt zufolge gab es dagegen ein wirksames Mittel, nämlich den kooperativen Zusammenschluss aller kritischen Aufklärer. Der neue Geheimbund wurde deshalb als eine radikale aufklärerische Organisation mit dem Ziel konzipiert, den Gegnern der Aufklärung Widerstand zu leisten. Gemeint waren die preußischen Rosenkreuzer wie König Friedrich Wilhelm II. und seine beiden Günstlinge Johann Christoph von Wöllner und Johann Rudolf von Bischoffwerder, die in Berlin großen Einfluss hatten. Bahrdt strebte zunächst die Durchsetzung der Aufklärung im Kulturleben an, um später auch die Politik für diese Ideen zu gewinnen.

Bahrdt gliederte seine Deutsche Union zu Beginn in 10–12 und später in 24 Provinzen oder Diözesen. Dabei nahm er auf die bestehenden Monarchien und ihre Grenzen keine Rücksicht. Er vertrat die Auffassung, dass die Lesegesellschaften nicht zu isolierten Truppen bürgerlicher Intellektueller werden sollten. Sie hätten vielmehr für die Volksbildung zu sorgen und die Ideen der Aufklärung zu verbreiten. Im Herbst 1787 erhielt ein größerer Adressatenkreis einen zweiten und »verbesserten Plan«, in dem erneut hervorgehoben wurde, wie wichtig es sei, den Buchhandel zu übernehmen. Bahrdt meinte, man könne auf diese Weise die Gegner der Aufklärer um ihre Verleger und ihr Publikum bringen.

Das wichtigste Forum für die Meinungsbildung der Deutschen Union war das *Politisch-literarische Intelligenzblatt*, welches das Ideengut der Union propagieren sollte. Den »dirigierenden« Schriftstellern kam die Aufgabe zu, das Intelligenzblatt zum Sprachrohr oppositioneller, kritischer Aufklärung zu machen. Die Lesegesellschaften wiederum sollten für die Sicherung und Vermehrung des Buchabsatzes sorgen. Sie hatten darüber hinaus die Aufgabe, unmittelbare Literaturpropaganda für die radikale Aufklärungsgesellschaft zu betreiben, um so die Leserwelt zu beeinflussen. Der Kontakt mit der Lesegesellschaft wurde von der Unionsleitung durch regelmäßige

Korrespondenz mit den Sekretären der Lesegesellschaft gepflegt, insbesondere durch Direktiven, Nachrichtenübermittlung, Berichterstattung und Buchsendungen.

Die Organisation der Leseklubs wurde im »Geheimen Plan der Deutschen Union« von 1788 geregelt. Dabei handelte es sich um ein drittes Programm, das die maßgebenden Persönlichkeiten des Bundes erhielten. In der einleitenden Übersicht wird der geheime Bund nicht nur als Vereinigung von Autoren und Lesern charakterisiert, sondern auch als eine »stille Verbrüderung« des schreibenden und lesenden Publikums bezeichnet. Ihr letzter Zweck blieb aber ein Geheimnis. Die wichtigsten Anliegen der Union umfassten die Pflege der Wissenschaften, die Verbesserung der Erziehung und die Förderung gemeinnütziger Talente. Diese Ziele und die Hierarchisierung in verschiedene Grade verdeutlichten den Einfluss der Freimaurerlogen, die neben den allgemeinen humanitären Vorstellungen der Aufklärung besonders die Selbsterziehung und Vervollkommnung der menschlichen Persönlichkeit ins Auge fassten.

Ab September 1788 gab Bahrdt einigen Vertrauten seinen »Geheimsten Operationsplan« zur Durchsicht. Darin wurde als letzter Zweck der Union die »Entthronung« des Despotismus und Befreiung der Menschheit hervorgehoben, eine eindeutige Anspielung auf den notwendigen Sturz der Fürsten. Durch diesen antimonarchischen Zug unterschied sich die Union deutlich von anderen Geheimbünden, z. B. von den Illuminaten und Rosenkreuzern. Die Personalunion zwischen dem Vorsitzenden der geheimen Bruderschaft und dem Direktor der Lesegesellschaft blieb auch in diesem neuen Plan bestehen. Außerdem traten darin besonders die freimaurerischen Strukturen des Bundes deutlich hervor. So sollte der Meister vom Stuhl als Vorsteher der Freimaurer an seinem Ort gleichzeitig auch die Lesebibliothek besorgen.

Bahrdt selbst wurde im April 1789 auf Befehl König Friedrich Wilhelms II. wegen seiner aufklärerischen Aktivitäten und einer Satire gegen die preußische Reaktion verhaftet. Den Regierungen gelang es infolge von Denunziationen und Indiskretionen, durch Briefkontrollen und anhand von Enthüllungsschriften die Deutsche Union zu enttarnen. Minister Wöllner drohte Bahrdt sogar den Tod an. Nach dem Ausbruch der Französischen Revolution schlug Wöllner jedoch eine andere Taktik ein und empfahl dem preußischen König Bahrdts Begnadigung, um den Gefangenen nicht zum Märtyrer zu machen. Daher ließ man die Anklage auf staatsgefährdende Geheimbündelei fallen und verurteilte Bahrdt zu einer Festungshaft. In der Urteilsbegründung wurde das »Verbrechen der Majestätsbeleidigung« hervorgehoben, der Geheimbund selbst aber gezielt als harmlos heruntergespielt. Dabei dienten vor allem die Freimaurerlogen und Lesegesellschaften zur Rechtfertigung der Begnadigung.

Bahrdt wurde zur Verbüßung seiner Strafe auf die Festung Magdeburg gebracht, wo auch andere Oppositionelle eingekerkert waren. Als er 1790 nach einem Jahr und drei Monaten Gefängnis aus der Haft entlassen wurde, war seine radikal-aufklärerische Einstellung ungebrochen. Unter dem Einfluss der revolutionären Ereignisse in Frankreich wurde er sogar zum radikalen Demokraten. Noch auf der Festung in Magdeburg beendete er im Mai 1790 seine vierbändige Autobiographie, die 1790/91 an fünf Orten erschien.

Waren die italienischen Geheimbünde vor der Französischen Revolution noch stark der Ideologie der Aufklärung verpflichtet, wurden sie nach dem Sturz Napoleons 1812 politischer. Besonders in der entstehenden italienischen Nationalbewegung spielten sie eine Rolle. Der »Köhler-Bund«, die *Carboneria*, entstand in Italien höchstwahrscheinlich durch zurückkehrende Flüchtlinge, die in Frankreich oder in der Schweiz von den dortigen *Fendeurs* (›Holzfällern‹) gehört hatten oder vielleicht auch Mitglieder dieses Bundes waren. Möglich ist auch, dass die *Carboneria* in Süditalien mit den *Charbonniers* der Franche-Comté in Verbindung stand. Schon 1797 musste sich der neapolitanische Polizeiminister Salicetti mit einer »Verschwörung« befassen, die er als »carbonaristisch« bezeichnete.

1809 schlossen sich die verstreuten Einzelgruppen der *Carboneria*-Bewegung in einer ersten Hauptloge (*Vendita*) in Capua zusammen. Joseph Bonaparte, Napoleons ältester Bruder, sowie Napoleons Schwager Joachim Murat (beide waren nacheinander König von Neapel) könnten die *Carboneria* nach Süditalien gebracht haben. Pierre Joseph Priot, ein politisch engagierter Jakobiner, hatte sich schon in Frankreich für ein geeintes Italien eingesetzt. Als Kommissar der französischen Regierung auf Elba entfaltete er ein besonderes Interesse für die Armen und Benachteiligten, wurde in Chieti bald Intendent der Abruzzen und dann in Cosenza Intendent Kalabriens. In beiden Städten übernahm er außerdem die höchsten Ämter der Freimaurerei. In Frankreich war er Mitglied der Geheimgesellschaft *Bons cousins charbonniers* (›Die guten Köhler-Cousins‹), die in der Franche-Comté wirkte. Vielfach wurde Priot als der eigentliche Gründer der neapolitanischen *Carboneria* angesehen, weil die ersten »Geschäfte« der Bewegung mit seiner Ankunft in den Abruzzen und in Kalabrien verbunden sind.

Die *Carboneria* verbreitete sich unter den Kleinbürgern und Handwerkern der italienischen Haupt- und Provinzstädte. Zu dieser raschen Verbreitung trug sicher ihr einfaches Ritual bei, das auf den christlichen Glauben und der Verehrung des hl. Theobald, des Schutzheiligen der Kohlenhändler, aufbaute. Die Sektionen der Organisation bezeichnete man als »Geschäfte«. Sie unterstanden sogenannten »Muttergeschäften«, die ihrerseits von einem »hohen Geschäft« mit Sitz in Salerno oder Neapel abhingen. Es gab die Grade des Lehrlings und des Meisters, die ein philanthropisches, unabhängiges und konstitutionelles Programm vertraten. Noch vor 1818 kam ein dritter Grad, der Großmeister der *Carboneria*, hinzu, der aber nur wenigen Auserwählten vorbehalten blieb.

Dieser Großmeister propagierte die Landverteilung und die Gütergemeinschaft. Wegen seiner politischen Stoßrichtung erregte dieses Programm Aufsehen und erzeugte auch Unruhe in den eigenen Reihen, so dass dieser Grad zurückgenommen werden musste. An seine Stelle traten sieben Grade nach dem Vorbild der Freimaurerei und ein neuer Geheimbund, der sich *Guelvia* nannte. Dieser Bund entstand mit der Absicht, dem ursprünglich radikalen Programm des dritten Grades entgegenzuwirken. Von Neapel aus verbreitete sich die *Carboneria* im Kirchenstaat, in der Emilia, in der Toskana, in Ligurien, in Piemont und entlang der Seehandelsroute Neapel – Portoferraio – Livorno – Genua.

Die napoleonischen Logen wurden mit der Ankunft der Österreicher in Lombardo-Venetien, denen das Königreich 1815 beim Wiener Kongress zugesprochen worden war, sofort geschlossen. An ihre Stelle trat eine Reihe neuer Geheimorga-

Verhaftung der lombardischen Carbonari, Darstellung von 1821

nisationen mit politischer Zielsetzung. Im Norden waren es vor allem die von Filippo Buonarroti (1761–1837) aus Genf angeführten *Adelfi* und im Süden Italiens der Geheimbund der *Carboneria*. Neben diesen beiden Organisationen existierten kleinere Gesellschaften, die zum Teil selbständig oder auf Initiative der beiden großen Gruppen entstanden waren.

In Neapel erreichten die unzufriedenen Aufständischen 1820 durch eine von der *Carboneria* angeregte friedliche Massenkundgebung, dass der König ihnen eine Verfassung versprach. Die Erhebung der *Carboneria* unter General Guglielmo Pepe (1783–1855) war vor allem gegen die Misswirtschaft König Ferdinands I. (1751–1825) gerichtet.

In Ober- und Mittelitalien wiederum machten sich schon gegen Ende der 1820er Jahre erneut umstürzlerische Bewegungen bemerkbar. 1827 begann Giuseppe Mazzini (1805–1872) seine Tätigkeit in der *Carboneria* als Sekretär des »Geschäfts« *La Speranza* in Genua. Er breitete sein Verbindungsnetz von Genua bis in die Toskana und in die Lombardei aus. Auch in Piemont hatten Gruppen der *Carboneria* mit Exilierten Kontakt aufgenommen, die im Ausland zum Teil alte Organisationen der *Carboneria* wieder aufbauten, teils aber auch neue Organisationen gründeten. In Brüssel standen sie in enger Verbindung zu Buonarroti.

Zahlreiche Patrioten fanden damals in Frankreich Unterschlupf, wo sie auf eine Wiederaufnahme ihrer revolutionären Aktivitäten hofften. Mazzini plante eine neue Vereinigung, die auf die bisher üblichen Methoden der Geheimgesellschaften verzichten sollte, um den Nachstellungen der Polizei zu entgehen. Er war der Überzeugung, dass Riten und Zeremonien einem offenen Gespräch aller Mitglieder im Wege stünden. Als er sich 1831 entweder für einen Zwangswohnsitz oder für das Exil entscheiden musste, wählte er Letzteres und ging nach Marseille, wo er die Vereinigung *Giovine Italia* (›Junges Italien‹) gründete. Ihr Programm umfasste den Kampf für ein von Fremdherrschaft befreites Italien und forderte eine durch ein allgemeines Wahlrecht errichtete vereinte demokratische Republik.

Geheimgesellschaften im Umfeld der Französischen Revolution

In der dritten Phase der Französischen Revolution wurde von François Noël Babeuf (1760–1797) der frühsozialistische Geheimbund »Verschwörung der Gleichen« gegründet. Schon zuvor hatte Babeuf sich mit Problemen der Landverteilung und des Eigentums an Grund und Boden beschäftigt. Er arbeitete aber auch an Erfindungen und Verbesserungen im Bereich der Landwirtschaft.

Babeuf, der sich auch Gracchus Babeuf nannte, war Journalist und ein linksrevolutionärer französischer Agitator während der Französischen Revolution. Ihm gelang in relativ kurzer Zeit der Aufstieg vom Hilfsarbeiter zum angesehenen Beamten. Er profilierte sich als unermüdlicher Schreiber und als Sozialist. Nachdem Babeuf eine Streitschrift verfasst hatte, die sich gegen die feudale Ausbeutung und die Salzsteuer richtete, wurde er verraten und verhaftet. 1790 gründete er den *Petit Correspondant Picard* (›Kleiner Korrespondent der Picardie‹), der in *Scrutateur des Décrets* (›Dekreteprüfer‹) umbenannt wurde. 1791 wurde Babeuf zum Bevollmächtigten für das Nationaleigentum von Roye ernannt, ein Jahr darauf wählte man ihn ins Parlament des Départements Somme. Bei seinen Publikationen und politischen Aktivitäten fiel er besonders wegen seiner radikalen Position auf. Etwas später wurde er zum Sekretär der Lebensmittelverwaltung der Pariser Kommune ernannt. In Paris veröffentlichte er 1794 die erste Ausgabe seines *Journal de la liberté de la presse* (›Zeitung für die Pressefreiheit‹), das später *Le Tribun du peuple* (›Volkstribun‹) hieß.

Babeuf verteidigte nach der Hinrichtung Robespierres 1794 die Männer des Thermidor und kritisierte aus der Perspektive seiner sozialistischen Theorien die ökonomischen Folgen der Revolution. Noch im selben Jahr wurde er verhaftet und in Arras eingesperrt. Er war davon überzeugt, dass seine Utopie, die er im *Tribun du peuple* proklamiert hatte, nur durch die Wiederherstellung der Verfassung von 1793 verwirklicht werden könne. Sein Geheimbund verfolgte das Ziel, das großbürgerliche Direktorium nicht nur heftig zu kritisieren, sondern letztendlich zu stürzen. An dessen Stelle sollte dank der sozialrevolutionären Aktivitäten der landlosen Bauern und des städtischen Proletariats eine kommunistische Gesellschaft treten.

Babeuf und seine Anhänger vertraten die Auffassung, dass die Entwicklung der Revolution seit dem Bastillesturm die Schwäche der Organisation belege. Es waren sich alle einig, dass eine Organisation gegründet werden müsse, um den erneuten Umsturz zu planen und zu propagieren. So entstand das »Geheime Exekutivdirektorium für das öffentliche Wohl« gleichsam als Zentrum für die Bewegung der Gleichen. Die Mitglieder des Geheimen Direktoriums fassten den Entschluss, die vorhandenen zerstreuten Fäden der Demokratie zusammenzuführen, um dem Volk die Ausübung seiner Rechte zurückzugeben. Ihr Organisationsprogramm sah vor, dass zwölf Hauptrevolutionsagenten eingesetzt werden, die für die neugebildeten Arrondissements zuständig sein sollten.

Doch die Regierung ergriff energische Maßnahmen gegen den Geheimbund, so dass das Geheime Direktorium die Bildung eines Militärausschusses mit dem Ziel der Ausarbeitung eines Angriffsplanes und Grundlagen für Verhandlungen beschloss. Das montagnardische Komitee (der jakobinischen Bergpartei) lehnte diese Forderungen ab, weil es sich nicht der Führung der sogenannten Babouvisten unterordnen wollte. Damit scheiterte die Verschwörung Babeuf.

Ursprünglich war die Gruppe um Babeuf als »Gesellschaft der Freunde der Republik« in Paris gegründet worden, die man nach ihrem Versammlungsort in der Nähe des Panthéon *Club du Panthéon* benannte. 1796 wurde der Club aber von Napoleon Bonaparte (1769–1821) auf Weisung des Direktoriums geschlossen. Buonarroti, der zur Verbannung verurteilt wurde, hatte nämlich zuvor erfolglos versucht, die Ideen Babeufs in den von Frankreich besetzten Regionen Piemont und Lombardei zu verbreiten. Der Geheimbund wurde dann verraten, woraufhin man Babeuf und viele seiner Anhänger erneut verhaftete. Noch aus dem Gefängnis brachte er eine Verteidigungsschrift *Gracchus Babeuf, Volkstribun an seine Mitbürger* in Umlauf. Schließlich wurden Babeuf und Augustin Alexandre Darthé (1765–1797) vom Staatsgerichtshof zum Tode verurteilt und 1797 durch die Guillotine hingerichtet.

Buonarroti wiederum publizierte 1828 sein Hauptwerk *Conspiration pour l'égalité* (auf Deutsch als *Manifest der Gleichen* erschienen), in dem er den »Geheimbund der Verschwörung der Gleichen« darstellte und die Ideen Babeufs erklärte. Sie sollten den Frühsozialismus und die linksrevolutionären Bewegungen des 19. Jahrhunderts in Frankreich stark beeinflussen.

Politischer Widerstand im Zarenreich

Die innere Entwicklung Russlands gegen Ende der Regierungszeit Zar Alexanders I. (1777–1825) war nicht nur durch Stillstand und obskuren Mystizismus geprägt, sondern auch durch Machtmissbrauch. Die Ideen der Aufklärung wurden dort zwar öffentlich kritisiert, verbreiteten sich aber trotzdem. Vor allem junge russische Offiziere wurden durch die Napoleonischen Kriege mit den europäischen Errungenschaften konfrontiert, da sie mehrere Jahre in verschiedenen Ländern Europas verbrachten. Der Zar verfolgte aber eine autoritäre Politik und bekämpfte alles, was mit aufgeklärten und freiheitlichen Ideen zu tun hatte. In diesem Klima gab es für die Liberalen nur zwei Möglichkeiten: entweder eine vorsichtige Anpassung oder riskante Aktivitäten im Untergrund.

Zu dieser Zeit entstanden mehrere Geheimgesellschaften in Russland, wobei die Freimaurerei unter dem Zaren zwar wieder geduldet wurde, aber an die Bedeutung, die sie im 18. Jahrhundert gehabt hatte, nicht mehr anschließen konnte. So kam es 1816 in Sankt Petersburg zur Gründung des »Bundes der Rettung« oder des »Bundes der wahrhaften und treuen Söhne des Vaterlandes«, der einige Jahre später in den »Wohlfahrtsbund« umgewandelt wurde. Ziel dieser Bünde war die Förderung der kulturellen und sozialen Wohlfahrt, ein engerer Kreis setzte sich auch für die politische Freiheit und den Kampf mit dem herrschenden Regime ein. 1821 löste sich der »Wohlfahrtsbund« aus unklaren Gründen auf. Vermutlich hatte es im Inneren des Geheimbundes Unstimmigkeiten über eine revolutionäre Verschwörung und über das politische Programm gegeben. Man diskutierte die konstitutionelle Monarchie, aber auch die Republik, und konnte sich dabei nicht einigen.

Anstelle des Wohlfahrtsbundes entstanden dann zwei neue Geheimgesellschaften, eine südliche in der Ukraine unter Führung des Obersten Pawel Iwanowitsch Pestel (1793–1826), und eine nördliche in Sankt Petersburg. In der nördlichen Geheimgesellschaft spielten Fürst Sergei Petrowitsch Trubezkoi (1790–1860), Nikita Michailowitsch Murawjow (1796–1843) und der Dichter Kondrati Fjodorowitsch Rylejew (1795–1826) maßgebliche Rollen. Als 1822 alle Geheimgesellschaften

Die Revolte der Dekabristen 1825, gemalt von Wassili Timm

in Russland verboten wurden, setzten die erwähnten Geheimbünde ihr Wirken allerdings fort und wurden durch gleichgesinnte kleinere Geheimzirkel noch verstärkt. Der nördliche Geheimbund arbeitete einen Verfassungsentwurf aus, dem zufolge die zukünftige Staatsordnung ein föderativer Zusammenschluss sein sollte. Auch republikanische Modelle spielten in den Gedanken der Theoretiker eine Rolle. Im südlichen Geheimbund entwarf Pestel eine Anleitung für eine künftige provisorische Regierung, in der er einen republikanisch-demokratischen Staat forderte, der aber zentralistisch organisiert sein sollte. Die Ideen eines föderativen Staatsaufbaus lehnte er prinzipiell ab.

In der russischen Oberschicht bildeten sich schon seit dem beginnenden 19. Jahrhundert liberale und soziale Ideen heraus, die zunächst aber nicht offen, sondern in besagten Geheimbünden diskutiert wurden. Russische Offiziere, die während der Napoleonischen Kriege nach Westeuropa kamen, spielten dabei wie erwähnt eine große Rolle. Nach dem Tod Zar Alexanders I. 1825 sollte dessen Bruder Nikolaus die Nachfolge antreten, nachdem Alexanders zweiter Bruder, Großfürst Konstantin, der Statthalter in Polen war, auf die Krone verzichtet hatte. Dass Alexander Nikolaus zu seinem legitimen Nachfolger ernannt hatte, wurde allerdings nicht bekanntgemacht. Deshalb brach nach dem Tod Alexanders am Hof eine Revolte aus, die der neue Zar Nikolaus I. sehr ernst nahm; zumindest leitete er die diesbezüglichen Untersuchungen persönlich. Die wichtigsten Initiatoren des Aufstandes wurden zum Tode verurteilt, viele Menschen bekamen Gefängnisstrafen, wurden ausgewiesen oder zur Zwangsarbeit deportiert.

Die Dekabristen (nach dem russischen Wort *dekabrja* für ›Dezember‹, auch Dezembristen genannt) bildeten die erste revolutionäre Bewegung, die gegen die zaristische Autokratie vorging. Die Dekabristen hatten ihre Chance, beim Tod des Zaren per Staatsstreich die Macht zu ergreifen, nicht wahrgenommen, weil sie Freiheitsdenker, Idealisten und keine erfahrenen Revolutionäre waren. Zudem wussten sie nur eine kleine liberale Elite hinter sich, die ihnen Sympathien entgegenbrachte. Der Versuch, ihren revolutionären Plan später umzusetzen, scheiterte kläglich. Das Programm der Dekabristen forderte die Aufhebung der Leibeigenschaft sowie die Errichtung einer konstitutionellen Monarchie bzw. auch einer Republik. Die Rolle des Zaren wollten sie ähnlich gestalten wie in der britischen parlamentarischen Monarchie. Die aufständischen Offiziere, die in Petersburger Garderegimentern dienten, waren vom Westen beeinflusst und sehr gebildet.

121 Dekabristen wurden gefasst und nach Sibirien deportiert, einige von ihnen zum Tode verurteilt. Elf Frauen folgten ihren Ehemännern oder Geliebten in die Verbannung nach, unter denen besonders die Fürstin Maria Wolkonskaja zu nennen ist, die die Eindrücke ihrer Reise in ihren Memoiren schilderte. In Sibirien bildeten die Dekabristen eine Gemeinschaft progressiver Intellektueller, die engen Briefkontakt mit Freunden und Verwandten in den Zentren Russlands unterhielten. So blieben sie lange Zeit ein Kristallisationspunkt für reformerische Ideen in Russland. Unter Nikolaus I. war die Politik jedoch weiterhin getragen vom Legitimationsprinzip, von der Bewahrung der bestehenden Ordnung und der Verteidigung der Autokratie.

Erst unter seinem Sohn und Nachfolger Zar Alexander II. wurden ab 1855 wenigstens einige der Reformforderungen der Dekabristen im Russischen Reich aufgegriffen. Dafür waren allerdings nicht die Argumente der Dekabristen, sondern schlicht die Rückständigkeit Russlands ausschlaggebend, die dessen Niederlage im Krimkrieg gegen das Osmanische Reich, Frankreich, das Vereinigte Königreich und Sardinien (1853–1856) offenbart hatte. Zweifelsohne waren diese Reformen ein wichtiger Einschnitt in der Geschichte Russlands, doch Alexander musste gegen große Widerstände kämpfen, so dass häufig Kompromisse nötig wurden. Kernstück der Reformen war die Befreiung der Bauern aus der Leibeigenschaft, die Russland letztlich ökonomisch, technisch und auch militärisch konkurrenzfähiger machen sollte.

Die Reformen stießen aber in vielen Bevölkerungsgruppen auf Ablehnung, denn die Ungleichheit in der Gesellschaft blieb ja bestehen. Nun begannen sich sozialistische, kommunistische und nihilistische Ideen auszubreiten, die zunehmend

Resonanz im Volk fanden. 1866 missglückte ein Attentat des Revolutionärs Dmitri Karakozov auf den Zaren. Im Zuge der Ermittlungen wurden mehrere politische Geheimbünde von der Polizei aufgedeckt. Auf einen zweiten Attentatsversuch während der Pariser Weltausstellung 1867, von einem Polen durchgeführt, folgte ein endgültiger politischer Sinneswandel des Zaren, dessen Sympathie für Reformen schwand. Stattdessen wurde die Zensur strenger gehandhabt und ein umfassendes polizeiliches Überwachungssystem eingeführt.

In Russland folgten 1879 neue Anschläge auf den Zaren, die von Nihilisten geplant wurden. Die Nihilisten waren insofern typisch für die russischen Revolutionäre, als sie einen radikalen weltanschaulichen Materialismus vertraten. Besonders verbreitet waren ihre Ideen in der radikalen Jugend, auf den Universitäten und in den Redaktionsstuben der Zeitungen, die teilweise illegal erschienen. Ihre Bedeutung lag nicht nur in ihrer Verschwörertätigkeit, sondern noch mehr in ihrer geistigen Einstellung, die durch revolutionäres Märtyrertum gekennzeichnet war. In ihrem Denken spielten weder Traditionen und überlieferte Werte noch bestehende Institutionen eine Rolle; vielmehr wurden diese bekämpft, sofern sie den Grundsätzen der materialistischen Vernunft widersprachen. Als Reaktion auf die Aktivitäten der Nihilisten kam es zur weiteren Verschärfung von Überwachungen und Verfolgungen der Regimegegner. 1881 wurde noch ein Attentat auf den Zaren verübt, das er zunächst überstand, dann aber fiel er einer Granate zum Opfer. Der Zar erlag eine Stunde nach dem Attentat im Winterpalast seinen schweren Verletzungen. Das Attentat hatte die Untergrundorganisation »Volkswille« geplant und durchgeführt.

In Frankreich bildeten sich im 19. Jahrhundert nach dem Ende der napoleonischen Herrschaft mehrere politische Geheimgesellschaften heraus, darunter vor allem sozialistische. Auch deutsche Arbeiter und Handwerker, die aus politischen Gründen nach Frankreich hatten fliehen müssen, gründeten Geheimbünde, bei denen frühsozialistische Ideen eine große Rolle spielten. Besonders erwähnt werden muss in diesem Zusammenhang der französische Revolutionär und Theoretiker Louis-Auguste Blanqui (1805–1881), der von den Theorien der französischen Frühsozialisten François Noël Babeuf, Charles Fourier und Claude-Henri Comte de Saint-Simon stark beeinflusst war. Blanqui beteiligte sich am Sturz des französischen Königs Karl X. 1830 und organisierte nach 1831 republikanische und sozialistische Geheimbünde. Er war der Führer der geheimen »Gesellschaft der Jahreszeiten«. Im Zuge dessen organisierte er mit Armand Barbès (1809–1870) und weiteren Mitgliedern seines Geheimbundes 1839 in Paris einen bewaffneten Aufstand, der allerdings niedergeworfen wurde. Blanqui und Barbès kamen in Untersuchungshaft, und im Prozess wurde Barbès zum Tode verurteilt. Der französische König Louis-Philippe verwandelte das Todesurteil jedoch in eine Haftstrafe.

Blanqui konnte zunächst aus der Haft fliehen. 1839 wurde er aber erneut festgenommen und wegen seiner Beteiligung am Aufstand gegen den König zu lebenslanger Haft verurteilt. Nach neun Jahren Gefängnis wurde er begnadigt und setzte sich 1848 als Wortführer der Linken im Pariser Juniaufstand wieder an die Spitze seiner Bewegung. Als Reaktion darauf wurde er erneut zu zehn Jahren Gefängnis verurteilt. Während dieser dritten Haftzeit entwickelte er eine eigene sozialistische Theorie, in deren Mittelpunkt die Idee einer Diktatur des Proletariats stand. Nach seiner Freilassung und einer vierten Inhaftierung 1861–1865 ging er dann ins Exil nach Belgien, von wo aus er seinen politischen Kampf weiterführte. Nach einer Generalamnestie 1869 reiste er zurück nach Frankreich und beteiligte sich dort an der Organisation der Aufstände, die zur Erhebung der Pariser Kommune führten. 1870 stand er ganz kurz an der Spitze einer Übergangsregierung.

Nach der Niederschlagung der Kommune 1871 wurde er neuerlich inhaftiert. Seine Begnadigung erfolgte 1879, knappe zwei Jahre vor seinem Tod. Kurz davor verfasste er noch sein Hauptwerk *Critique sociale*, das aber erst posthum 1895 publiziert wurde. Sein Einfluss auf spätere sozialistische und kommunistische Bewegungen war sehr groß. Seine Anhänger, die Blanquisten, schlossen sich später der sozialistischen Partei Frankreichs an.

Die Anfänge der deutschen Arbeiterbewegung in Paris gehen zurück bis zum »Deutschen Volksverein«, der ursprünglich eine Filiale des »Deutschen Vaterlandsvereins zur Unterstützung der freien Presse« gewesen und im Jahre 1832 von der liberalen Volksbewegung in der Rheinpfalz gegründet worden war. Treibende Kräfte im Deutschen Volksverein waren der Kaufmann Hermann Wolfrum und der Journalist Joseph Garnier, die sich beide aus beruflichen Gründen schon vor der Julirevolution in Paris 1830 aufhielten. Unter dem unmittelbaren Eindruck dieser Revolution begann Wolfrum Ende 1831, unter seinen Kollegen politische Zusammenkünfte zu organisieren. Ende 1832 bereiste er im Auftrag des Vereins Südwestdeutschland, um dort politische Verbindungen herzustellen.

Dass er in Paris als Führer des Volksvereins die Aufmerksamkeit der französischen Behörden auf sich gezogen hatte, belegt der Umstand, dass Wolfrum 1833 verhaftet wurde. Nach seiner Entlassung wurde er aus Frankreich ausgewiesen. Garnier wiederum unterhielt gute Beziehungen zu den radikalen Liberalen in der Pfalz, die ihm bald unter den Pariser Deutschen eine führende Position verschafften. So wurde er als einer der Ersten zum Präsidenten des »Deutschen Volksvereins« gewählt, als dessen Sprecher er sich profilierte. Ende Februar 1833 bereiste er Deutschland, um die aufgenommenen Verbindungen weiter zu vertiefen.

Der gegen ihn geführte Prozess vor dem Rastatter Hofgericht endete zwar mit einem Freispruch, das Urteil wurde aber auf Betreiben der Frankfurter Bundeszentralbehörde sistiert. Garnier blieb in Haft. Erst im Oktober 1833 gelang ihm die Flucht nach Frankreich, das er Anfang 1834 wieder verließ, um nach London zu gehen. Während Wolfrum die Gruppe der jungen Kaufmannsgehilfen vertrat, gehörte Garnier zum Kreis der Studenten, Journalisten und sonstigen Intellektuellen, zu dem auch Theodor Schuster zählte. Auch die Schriftsteller Ludwig Börne und Heinrich Heine traten dem Verein in Paris bei, dem von Beginn an auch Handwerksgesellen angehörten und dessen Führungskreis Ende 1833 bereits größtenteils aus Handwerkern bestand.

Im Frühjahr 1834 wurde der »Großdeutsche Volksverein« in den geheimen »Bund der Geächteten« umgewandelt. Seine Zielsetzung bestand nun darin, die feudal-absolutistische Herrschaft der Fürsten in Deutschland zu beseitigen sowie die Grundsätze der Menschen- und Bürgerrechte zu verwirklichen. Die Gründung dieses Geheimbundes ging auf Ereignisse in Frankreich zurück: Im März 1834 konnte die französische Regierung ein neues Vereinsgesetz durchsetzen, dem zufolge künftig alle Vereinsgründungen behördlich gemeldet werden mussten. Die aktive Teilnahme an nicht zugelassenen Vereinen wurde fortan nicht mehr als einfache Übertretung, sondern als Verbrechen angesehen. Nun war nicht mehr die Rechtsprechung der unabhängigen Geschworenengerichte für solche Fälle zuständig, sondern das Zuchtpolizeigericht.

In Paris konnten sich politische Vereine nach der Zerschlagung der *Société des Droits de l'Homme et du Citoyen* 1834 nicht mehr gefahrlos betätigen. So bestand auch der »Großdeutsche Volksverein« nur noch als Geheimbund weiter. Dass wenigstens ein Teil der Mitglieder des Volksvereins in den politischen Geheimbund eintrat, war das Verdienst des Buchdruckergesellen Urban Muschani, der auch im Bund der Geächteten eine Führungsrolle spielte. Im Juni 1834 reiste er nach Deutschland, um die dort von Wolfrum und Garnier geknüpften Kontakte zu pflegen und auszubauen. Wie Garnier wurde allerdings auch er in Baden verhaftet. Nach seiner Entlassung aus der Untersuchungshaft kehrte er nach Paris zurück.

Die Geschichte des Geheimbundes der Geächteten ist auch mit der Person Theodor Schusters eng verbunden. Er war nicht nur an der Gründung beteiligt, sondern wurde in vielen Spitzelberichten und Zeugenaussagen zudem als einer der obersten Anführer des Geheimbundes genannt. 1837, als die Einheit des Bundes durch Meinungsverschiedenheiten ernsthaft bedroht schien, war er um Vermittlung bemüht. Einen ähnlich großen Einfluss hatten die beiden politischen Flüchtlinge Jacob Venedey und Gerhard Pappers. Von 1834 bis 1836 erschien unter ihrer Redaktion die Zeitschrift des Geheimbundes mit dem Titel *Der Geächtete*. Im Führungskreis des Geheimbundes nahm Venedey vor allem deswegen eine führende Position ein, weil er sich als Vertrauter Börnes auf dessen Autorität berufen konnte. Die große Totenrede, die er im Februar 1837 an

Börnes Grab hielt, wurde ihm allerdings zum Verhängnis, da er nun erneut Paris verlassen musste.

In verschiedenen Spitzelberichten finden sich Hinweise, dass einige Führungsmitglieder des Bundes der Geächteten Beziehungen zum Geheimbund der *Carboneria* unterhielten. Das österreichische Zentralinformationsbüro in Mainz vertrat sogar die Auffassung, dass der Bund der Geächteten eine von der *Carboneria* beeinflusste Gegengründung zu dem von Giuseppe Mazzini inspirierten »Jungen Deutschland« gewesen sei. Diese Annahme war wohl stark übertrieben, wenngleich die Gründung des Geheimbundes der Geächteten durchaus vor dem Hintergrund der internationalen Geheimbünde gesehen werden muss, zumal die *Carboneria* Anfang der 1830er Jahre in Frankreich Vorbild für mehrere politische Geheimgesellschaften war. Um 1820 gelangte ein Ableger der *Carboneria* durch italienische Einwanderer nach Frankreich, wo die Mitglieder zu liberalen und demokratischen Gegnern des restaurativen Königtums unter Karl X. wurden.

Die wichtigste Persönlichkeit der *Charbonnerie Française* war seit Ende der 1820er Jahre der bereits erwähnte Filippo Buonarroti, der die radikale Gruppe der französischen Republikaner beeinflusste und darauf drängte, die innenpolitischen Repressionsmaßnahmen der Regierungen Périer und Guizot mit dem Aufbau neuer Geheimorganisationen zu kontern. Im Frühjahr 1833 gründete er mit acht Handwerksgesellen den sogenannten »Sühnungsbund«, der organisatorisch ganz den Vorschlägen Mazzinis entsprach. Auch dieser neue Geheimbund unterhielt Verbindungen zur *Charbonnerie*. Hinzu kam die hierarchische, absolutistische Verfassung des Bundes der Geächteten, die offenbar von Mitgliedern entworfen wurde, die mit der *Charbonnerie* in engem Kontakt standen.

Im Bund der Geächteten waren vier aufsteigende Stufen der Mitgliedschaft vorgesehen: »Hütten«, »Berge«, »Dicasterien« und als Spitze die »Nationalhütte«. Von der Existenz der höheren Grade des Bundes durften die einfachen Mitglieder freilich nichts wissen. Der »Nationalhütte« wurde die unumschränkte Herrschaft über alle Bundesglieder eingeräumt, und sie hatte auch die höchste gesetzgebende und vollziehende Gewalt inne.

Spitzelberichten zufolge muss es bald zu Differenzen mit der *Charbonnerie* gekommen sein, nachdem sich die deutsche »Nationalhütte« unabhängig gemacht hatte. Um 1836 wurden dann auch die *Carboneria*-Bezeichnungen für die verschiedenen Abteilungen des Bundes abgeschafft, die nun »Zelte«, »Lager« und »Kreislager« hießen. Die Zentralbehörde wurde in »Brennpunkt« umbenannt. Die Verbreitung des Bundes beschränkte sich zunächst auf Paris. Zu Beginn gab es einen oder mehrere Zirkel von Eingeweihten (»Bergen«) und wahrscheinlich auch eine Zentralbehörde. Die Mitglieder dieser Zirkel gründeten dann »Hütten«. Wie viele Zirkel es in Paris gab, ist leider unbekannt, sicher ist lediglich, dass nur ein »Dicasterium« bzw. »Kreislager« existierte.

Im Sommer 1835 gelang es dem Bund, auch in Deutschland trotz größter politischer Schwierigkeiten Fuß zu fassen. Zentrum war Frankfurt am Main, wo zwei dorthin zurückgekehrte Mitglieder des Geheimbundes namens Enke und Rheinländer 1836 zusammen mit dem ehemaligen preußischen Unteroffizier Karl Bruhn ein erstes »Zelt« gründeten. Bis zur Verhaftungswelle im Oktober 1840 bildeten sich in Frankfurt dann sieben weitere »Zelte«. Ende 1838 konstituierte sich dort auch ein »Lager«. Die Ausbreitung ging aber noch weiter. Nach Frankfurt folgte eine Gründung in Mainz, wo es bereits

1836 eine erste Sektion und 1838 dann vier »Zelte« gab. Weitere »Zelte« entstanden in Darmstadt und in Schleiz. In Hamburg, in den Dörfern Obereschbach bei Hohnburg, Dörnigheim bei Hanau und wahrscheinlich auch in Höchst wurden »Sektionen« eingerichtet.

In Paris existierte der Geheimbund etwa zweieinhalb Jahre. Ende 1836 kam es unter den Mitgliedern zu großen Meinungsverschiedenheiten über die Ausrichtung des Bundes, die zu einer Spaltung führten. Die Ursachen dafür sind umstritten. Die Erklärungen reichen von einer möglichen proletarischen und von sozialistischen Kräften ausgelösten Rebellion über scharfe ideologische Auseinandersetzungen zwischen den kleinbürgerlichen Führern und den proletarischen Mitgliedern bis hin zu der These, ein Teil der Mitglieder habe gegen die unbekannte, vermeintlich geheimnisvolle Führung rebelliert. Sicher ist, dass dem Bund der Geächteten 1836 zahlreiche Mitglieder beitraten, die schon zuvor dem Jungen Deutschland in der Schweiz angehört hatten.

Die Gründung des Bundes der Gerechten folgte aus der Spaltung des Bundes der Geächteten in Paris 1837. Vergleicht man die Statuten des neuen Geheimbundes aus dem Juli 1838 mit denen der älteren Geheimgesellschaft, zeigt sich, dass beide Geheimbünde in ihrer politischen Zielsetzung weitgehend übereinstimmten. Prinzipielle ideologische Gegensätze allein waren daher für die Spaltung des Bundes der Geächteten nicht ausschlaggebend. In seinen Statuten hieß es: »Zweck des Bundes ist Befreiung und Wiedergeburt Deutschlands und Verwirklichung der in der Erklärung der Menschenrechte ausgesprochenen Grundsätze«. In den Statuten des neuen Bundes der Gerechten wird hervorgehoben: »Der Zweck des Bundes ist die Befreiung Deutschlands von dem Joche schimpflicher

Unterdrückung, Mitwirkung zur Entsklavung der Menschheit und Verwirklichung der in den Menschen- und Bürgerrechten enthaltenen Grundsätze«.

Die unzufriedenen Mitglieder waren bemüht, die Macht ihrer Zentralbehörde prinzipiell zu beschränken. An die Stelle der hierarchisch-absolutistischen Verfassung des älteren Bundes sollte nun eine demokratische Verfassung treten. Aus Sicherheitsgründen existierten jedoch auch im neuen Geheimbund mehrere Grade der Mitgliedschaft. Er setzte sich von unten nach oben aus »Gemeinden«, »Gauen« und einer »Volkshalle« zusammen. Die »Gemeinden« sollten höchstens aus zehn Mitgliedern bestehen, für ihre Konstituierung waren mindestens fünf Mitglieder erforderlich. Die »Gemeinde« leitete ein »Vorstand«, bestehend aus einem »Vorsteher« und einem »Beistand«. Der »Gau« setzte sich aus fünf bis zehn »Gemeinden« zusammen und hatte als besondere Behörde den »Gaustand«. Dieser Behörde gehörten als Mitglieder die »Vorsteher« sämtlicher »Gemeinden« des jeweiligen »Gaus« an.

Die »Volkshalle« schließlich bildete die Zentralbehörde des »Bundes der Gerechten«. Sie musste aus mindestens fünf Mitgliedern bestehen und besaß im Unterschied zum »Brennpunkt« des Bundes der Geächteten keine unumschränkte Souveränität. Im Bund der Gerechten war die Macht aufgeteilt: Die »Volkshalle« besaß die exekutive Gewalt, die durch ihre Verantwortlichkeit gegenüber den »Gauständen« eingeschränkt wurde. Die gesetzgebende Gewalt lag in den Händen der »Gemeinden«, die Gerichtsbarkeit bei den »Gauständen«. Alle Ämter wurden demokratisch und zeitlich begrenzt vergeben. Die Verpflichtung der Mitglieder zum unbedingten Gehorsam wurde durch die Verpflichtung auf die Bundesgesetze ersetzt. Spätere Aussagen von Mitgliedern des Bundes der

Geächteten und des Bundes der Gerechten verdeutlichen, dass nicht Gegensätze in ideologischen Fragen zur Spaltung führten, sondern vielmehr die Abneigung gegen den unbekannten »Brennpunkt« samt dem unbedingten Gehorsam, den dieser forderte.

Die Unzufriedenen wandten sich gegen eine Verfassung, die ihnen zu autoritär war. Schuster und der Schriftsetzer Julius Goldschmidt waren die Führer jener Minderheit, die die Spaltung des Bundes verhindern wollten. Von wem letztlich die Rebellion ausgelöst wurde, konnte nicht eindeutig festgestellt werden. Wahrscheinlich waren die Gegner der Gruppe um Schuster mit dem Kreis von Flüchtlingen identisch, der sich Ende 1836 in Paris gebildet hatte.

Die Auseinandersetzung im Bund der Geächteten setzte genau zu jener Zeit ein, als ein Teil der aus der Schweiz vertriebenen Mitglieder des Jungen Deutschland den Druck von Flugschriften organisierte, wie z. B. Karl Schapper (1821–1870), der auch als politischer Agitator hervortrat. Da in Paris die ersten Ankömmlinge aus der Schweiz Ende 1836 einen Club des Jungen Deutschland gegründet hatten, ist anzunehmen, dass dieser den Bund der Gerechten von außen stark unter Druck gesetzt und beeinflusst hat.

Die Zeit vom Sommer 1837 bis Ende 1842 war vor allem durch zwei Ereignisse geprägt: durch die Aufnahme des sozialistischen Denkers Wilhelm Weitling (1808–1871) in den Bund der Gerechten und durch die Ausweisung Schappers nach London. Weitling wurde in Paris bald Vorsteher einer »Gemeinde« und 1838 auch Mitglied der Zentralbehörde des Geheimbundes. Anfang 1839 konnte er unter Mithilfe zahlreicher Bundesmitglieder die Schrift *Menschheit wie sie ist und wie sie sein sollte* abschließen. Mit dieser Erstlingsschrift gab er dem

Bund der Gerechten das ideologische Programm und übernahm für vier Jahre die geistige Führung des Bundes. Er galt dort als religiöser Frühsozialist.

Im Mai 1839 fand in Paris der Putsch der geheimen *Société des Saisons* gegen das konservative Regime des Julikönigtums (Karl X.) statt. Da Schapper im Verdacht stand, an diesem Aufstand beteiligt gewesen zu sein, wurde er neben anderen Deutschen verhaftet und nach mehrmonatiger Untersuchungshaft aus Frankreich ausgewiesen. Damit verlor der Bund der Gerechten in Paris eines seiner aktivsten Mitglieder. Trotzdem konnte sich aber der Bund, der offenbar von der Pariser Polizei nicht aufgedeckt wurde, nach 1839 weitgehend ungestört weiterentwickeln. Im selben Jahr gelang es ihm sogar, in Deutschland Fuß zu fassen, als der Schreinergeselle Hoffmann nach seiner Rückkehr nach Hamburg eine »Gemeinde« gründete, die allerdings die einzige blieb.

Zu einer vorübergehenden Krise kam es erst um die Jahreswende 1839/40 aufgrund verstärkter Aktivitäten des Bundes der Geächteten, der nach seiner Spaltung unter der Leitung Schusters und Goldschmidts zunächst als kleine Gruppe weiterexistiert hatte. Der ältere Geheimbund wurde wieder so stark, dass er erneut eine gewisse Anziehungskraft auf den neuen Bund ausübte. Ende 1839 wurde daher ernsthaft ein Wiederanschluss an den Bund der Geächteten erwogen. Schuster und Friedrich Schüler entwarfen den Plan einer Assoziation, die unter der Bezeichnung »Bund der Deutschen« alle in Paris bestehenden Geheimbünde zusammenfassen sollte. Ein Teil des Bundes der Gerechten schloss sich dann auch tatsächlich diesem neuen Bund an. Die Statuten des neuen Geheimbundes deuteten an, dass dieser auf Wunsch der Mitglieder demokratischer aufgebaut und gegliedert sein sollte, z. B.

wurden die Rechte der »Gemeinden« erweitert. Besonders weit dehnte sich allerdings dieser neue Bund nicht aus.

Die Pariser Sektionen des Bundes der Gerechten wurden nach dem Weggang Weitlings von seinen bisherigen Mitarbeitern weitergeführt. Weitling reiste über Straßburg in die Schweiz und kam anschließend nochmals nach Paris, das er jedoch im Mai 1841 endgültig verlassen musste. Die von Scherzer auf Weitlings Anregung seit 1841 geführte Gastwirtschaft war das Versammlungszentrum des Bundes der Gerechten. Scherzer publizierte auch verschiedene Schriften, die den Ansichten Weitlings entsprachen. Zu den besonderen Förderern Weitlings zählten Arends und Mäurer, der Weitlings wichtigster Anhänger in Paris war und als Mitglied der Zentralbehörde dessen Veröffentlichungen redigierte. Der Schuhmacher Heinrich Bauer vertrieb Weitlings Schweizer Zeitschriften. Ewerbeck, der gleichfalls Mitglied der Zentralbehörde wurde, führte 1842/43 zwar die Korrespondenz mit dem in der Schweiz wirkenden Weitling, begann sich aber später geistig von ihm zu entfremden. Der Schwerpunkt der Aktivität des »Bundes der Gerechten« verlagerte sich nach der Ausweisung führender Mitglieder nun nach England, wo in London im Februar 1840 ein öffentlicher Bildungsverein gegründet wurde. Alle diese politischen Geheimbünde waren sozialistisch ausgerichtet und übernahmen einige ideologische Positionen des Frühsozialismus.

Studentenverbindungen

Beinahe so alt wie die Universitäten sind die studentischen Korporationen. Sie bildeten sich aus dem Gefühl landsmannschaftlicher Zusammengehörigkeit heraus, z. B. in Paris, Bologna, Prag, Wien und Leipzig, und verstanden sich als »Nation«. Aus den Nationen wurden später sogenannte »Fakultäten«. Schon im 15. Jahrhundert entstand das Bursenwesen, eine Stiftung vermögender Leute für ärmere Studierende auf landsmannschaftlicher Basis. Der Niedergang des Bursenwesens setzte zwar mit der Reformation ein, die landsmannschaftliche Idee wirkte aber weiter, insbesondere an den protestantischen Universitäten. Die neuen Vereinigungen nannten sich »Neue Nationen«, »National-Kollegien« oder »Landsmannschaften«. Nach einem vorübergehenden Verbot lebten sie im Geheimen fort.

In der Zeit der Aufklärung haben sich studentische Orden entwickelt, die sich als Geheimbünde verstanden. Vorbilder für diese Gründungen waren die Freimaurerlogen und freimaurerähnlichen Vereinigungen. Mit der Ausbreitung der Freimaurerei im 18. Jahrhundert entstanden in den studentischen Orden neue Geselligkeitsformen. Die Orden übertrugen wesentliche Strukturmerkmale der Geheimbünde auf ihre eigene Programmatik, ihr Ritual und ihre Zeremonien. Der Orden der »Harmonisten« etwa wurde wahrscheinlich nach 1781 von einer schottischen Freimaurerloge in Braunschweig gegründet. Verschiedene Statuten sahen vor, dass die Mitglieder auch in der Freimaurerei aktiv sein konnten. Seit der Mitte des 18. Jahrhunderts entfernten sich die Orden jedoch von der Freimaurerei, so dass eine eigenständige studentische Ordensbewegung entstand.

Zu den wichtigsten Gesellschaften dieses neuen Typs rein studentischer Herkunft zählten seit Anfang der 1770er Jahre die »Amicisten«, die 1770 in Jena gegründet wurden, die »Unitisten«, 1774 in Halle ins Leben gerufen, und die »Konstantisten«, die 1777 in Halle entstanden. Sie vermehrten sich relativ

Studenten des Corps Moenania Würzburg am Biertisch 1815

rasch, erfassten in wenigen Jahren die meisten protestantischen Universitäten und waren besonders im Zeitraum von 1780 bis 1795 verbreitet. Der Amicistenorden fasste vor allem Fuß an den Universitäten Gießen, Marburg, Göttingen, Mainz, Erlangen, Erfurt, Tübingen, Leipzig, Würzburg, Halle und Jena. Die Bezeichnung Amicistenorden leitet sich aus dem lateinischen Wort *amicus* für ›Freund‹ her. Der Name war eng verbunden mit den Ordensgrundsätzen und -zielen: Freundschaft, Ehre, Treue, gegenseitige Achtung, das Teilen von Freud und Leid sowie Unterordnung unter die Gesetze des Ordens. Der Konstantistenorden bekämpfte von Beginn an den Unitistenorden. Eine größere Bedeutung erlangte aber seine Tochterloge in Jena, die mit drei anderen Orden, den Amicisten, Unitisten und den Harmonisten, im Streit lag.

Der Harmonistenorden, der sich auch »Schwarze Brüder« nannte, gliederte sich in Logen und Grade. Die Grade nannte man wie bei den Freimaurerlogen »Lehrling«, »Geselle« und

»Meister«. Wahrscheinlich gab es darüber hinaus noch vier weitere Erkenntnisstufen. Es wurde auch vermutet, dass die Bezeichnung des Ordens in enger Verbindung mit der Philosophie von Gottfried Wilhelm Leibniz und Christian Wolff stand. Der Maßstab der Harmonie bezog sich bei ihm unter anderem auf das sittliche Verhalten der Menschen. Der Studentenorden galt an den deutschen Universitäten als gut organisiert. In Marburg bildete er die Loge »Wilhelmine zur Hoffnung«. Weitere Logengründungen fanden in Dornburg, Erlangen und Gießen statt.

Der »Jünglingsbund« war eine geheime Burschenschaft, die auf Veranlassung von Karl Follen gegründet worden war und der politische Utopisten angehörten. Sie verstand sich als Geheimbund der »Jungen« und setzte sich den politischen Umsturz Deutschlands zum Ziel. Der Bund trat für die progressiv interpretierten Ideale der Befreiungskriege ein und wollte auch das studentische Leben nach demokratischen Regeln organisiert wissen. Die weitverbreiteten deutschtümelnden mystisch-romantischen Tendenzen unter den deutschen Burschenschaften lehnte er entschieden ab.

Auch die Burschenschaften neigten nach 1815 angesichts des Verbots politischer Vereinigungen zunächst dazu, geheime Verbindungen zu bilden. Eine wichtige Zäsur war zweifelsohne das Wartburgfest 1817. Die Burschenschaften unterschieden sich jedoch besonders hinsichtlich ihres nationalen Engagements und ihrer politischen Zielsetzung von den Freimaurerlogen, die stärker kosmopolitisch orientiert und an politischen Fragen nicht primär interessiert schienen. Im Gegensatz zu den Burschenschaften waren die Freimaurerlogen stärker bürgerlich-liberal ausgerichtet und vertraten zum Teil auch schon demokratisch-republikanische Vorstellungen.

Die »Schwarze Hand«

Auch in Serbien, das 1878 die Unabhängigkeit vom Osmanischen Reich erlangt hatte, bildeten sich Geheimbünde, unter denen die »Schwarze Hand« eine besondere Rolle spielte. Es handelte sich dabei um einen nationalistisch-irredentistischen Geheimbund des frühen 20. Jahrhunderts, der mit terroristischen Mitteln für die Schaffung eines Reichs namens Großserbien kämpfte. Ganz Bosnien und die Herzegowina sollten mit Serbien vereint werden.

Die politische Situation in Serbien war 1903 sehr schwierig, da im April dieses Jahres durch einen Staatsstreich ein neues Wahlrecht verordnet worden war und die grassierende Günstlingswirtschaft zu Protesten führte. Die Verschwörer trafen sich beim früheren Justizminister Gentschitsch und drängten darauf, die Dynastie der Karadjordjević-Könige zurück auf den Thron zu berufen, die 1858 hatte abdanken müssen, woraufhin die Familie ins Exil gegangen war. Bei diesem Treffen unterschrieben die Anwesenden auch ein Gelöbnis:

> Die Unterzeichneten besorgen den sicheren Untergang ihres Vaterlandes und bezeichnen den König Aleksandar als den Hauptschuldigen. Deshalb geloben sie mit ihrem Ehrenwort, das Vaterland zu retten und den Schuldigen, wenn notwendig, auch mit dem Tode zu bestrafen. An die Verwirklichung dieses Beschlusses wird geschritten werden, sobald man die Sicherheit hat, dass Serbien deshalb nicht in eine schlechte auswärtige Lage gelangt. Anstelle des Königs Aleksandar ist Peter Karadjordjević zum König von Serbien auszurufen.

Diese Verschwörung blieb nicht lange geheim, weil Aleksandar darüber informiert wurde, der aber die Gerüchte nicht ernst nahm – zu Unrecht. Nach seiner Ermordung und der der Königin wurde Karadjordjević zum König von Serbien ausgerufen. Die Aktivitäten der Verschwörer wurden für die Offiziere zu einer Art »Symbol ihrer geistigen Zusammengehörigkeit«.

Die »Schwarze Hand« setzte sich aus Offizieren zusammen, vorwiegend aus Serben, aber auch aus einigen Kroaten und Offizieren aus Bosnien. Der Bund verstand sich als geheime Organisation, einige ihrer Mitglieder waren aber der Öffentlichkeit bekannt. Der Geheimbund und seine Vorgängerorganisation ermordeten nicht nur 1903 den serbischen König Aleksandar Obrenović und seine Frau Draga Mašin, sie waren auch für das Attentat von Sarajevo auf den österreichischen Thronfolger und dessen Gattin am 28. Juni 1914 verantwortlich, das zur Julikrise und letztlich zum Ausbruch des Ersten Weltkriegs führte.

Die »Schwarze Hand« sympathisierte mit einem großserbischen Nationalismus, der sich gegen den Einfluss Österreichs richtete. Im Bündnis mit Russland und Frankreich wollte sie ihre Ziele durchsetzen. 1911 gründeten Offiziere in Belgrad die Geheimorganisation *Ujedinjenje ili Smrt* (›Vereinigung oder Tod‹), die auch den Namen »Schwarze Hand« trug. Ihr Anführer war der Generalstabsoffizier Oberst Dragutin Dimitrijević, genannt Apis, dem weitere Gründungsmitglieder zur Seite standen wie die Obersten Čedomilj A. Popović und Milovan Milovanović, Oberstleutnant Velimir S. Vemić, die Majore Ilija Radivojević, Vojislav Tankosić und Milan Vasić, der Vize-Konsul Bogdan Radenković und der Journalist Ilija M. Jovanović.

Der Nationalstaat der Serben sollte nach Auffassung der Mitglieder der »Schwarzen Hand« im revolutionären Kampf

Zeichnung des Attentats auf das österreichische Thronfolgerpaar aus *Le Petit Journal*

errungen werden. Zu diesem Zweck bemühte man sich um die Beeinflussung des Staates und der Gesellschaft in Serbien (ähnlich wie in Piemont zur Zeit der italienischen Nationalbewegung), die Bildung einer revolutionären Organisation, den Kampf gegen die Feinde mit allen Mitteln und den Aufbau freundschaftlicher Beziehungen mit proserbischen Staaten, Volksverbänden und Einzelpersonen. Was den inneren Aufbau betrifft, wurde als oberstes Organ eine Zentralverwaltung in Belgrad eingerichtet. Deren Entscheidungen sollten für alle Mitglieder des Geheimbundes verbindlich sein. Dieses oberste Gremium hatte auch das Recht, Todesurteile zu fällen, die von besonders vertrauenswürdigen Mitgliedern vollstreckt werden sollten. Da die »Schwarze Hand« sich als Geheimbund verstand, wurden ihre Mitglieder nicht mit Namen, sondern mit Nummern bezeichnet. Nur der obersten Zentralverwaltung waren die Mitglieder bekannt. Letztere verpflichteten sich zu bedingungslosem Gehorsam und absoluter Geheimhaltung. Sie mussten auch einen Eid ablegen.

Im Jahre 1910 plante der Geheimbund ein Attentat auf den österreichisch-ungarischen Verwalter in Bosnien, Marijan Varešanin von Vareš, das von einem serbischen Studenten, Bogdan Žerajić, in Sarajevo ausgeführt wurde. Der Verwalter überlebte aber dieses Attentat, woraufhin sich der Täter erschoss. Dieser Revolveranschlag beeinflusste auch Gavrilo Princip, der später das Attentat auf den Thronfolger Franz Ferdinand in Sarajevo verübte. 1911 plante Oberst Dimitrijević außerdem ein Attentat in Wien auf Kaiser Franz Joseph, das aber nicht ausgeführt werden konnte. 1914 sollte ein Anschlag auf den Landeschef von Bosnien, Feldzeugmeister Oskar Potiorek, verübt werden, der ebenfalls misslang. Urheber des Plans war Muhamed Mehmedbašić, der auch am Attentat von Sarajevo beteiligt war.

Da nicht alle Beteiligten des Putsches von 1903 mit den Zielen der »Schwarzen Hand« einverstanden waren, gründeten Offiziere um den Obersten Petar Živković 1912 die »Weiße Hand«, einen weiteren Geheimbund, dessen Ziele denen der

»Schwarzen Hand« entgegengesetzt waren. Dieser Geheimbund gewann Einfluss nach 1917, wobei Živković sogar von 1929 bis 1932 Premierminister des 1918 gegründeten Jugoslawiens war.

Die Regierung in Belgrad erkannte die Gefahr, die von solchen Geheimorganisationen ausging, obwohl die »Schwarze Hand« die Politik der serbischen Regierung im Zusammenhang mit dem Ersten Weltkrieg unterstützte. Die Vereinigung stand einer jugoslawischen Föderation im Regierungssinne ablehnend gegenüber und forderte, zunächst Serbiens territoriale Ansprüche zu sichern. Im Jahre 1917 wurden die Mitglieder des Geheimbundes mit der Begründung verhaftet, die Ermordung des serbischen Prinzregenten Aleksandar Karadjordjević ins Auge gefasst zu haben. Die Polizei fand bei Dimitrijević Apis das Original der Statuten und bei Oberstleutnant Vemić eine Namensliste der Mitglieder. In einem Schauprozess wurden Apis sowie zwei weitere Offiziere zum Tode verurteilt und erschossen. Der Rest der Angeklagten erhielt zunächst lange Haftstrafen und wurde später amnestiert.

Geheimgesellschaften der Weimarer Republik

Zwischen dem Ersten und Zweiten Weltkrieg sind in der Weimarer Republik mehrere Geheimgesellschaften entstanden. Zunächst ist die »Thule-Gesellschaft. Orden für deutsche Art« zu nennen. Dieser politische Geheimbund wurde am Ende des Ersten Weltkrieges 1918 in München von Rudolf von Sebottendorf gegründet, der in Wirklichkeit Adam Glauer hieß. Der Name des Geheimbundes bezog sich auf die sagenhafte Insel Thule im Norden Europas. Im Winter 1918/19 hatte die Vereinigung ca. 1500 Mitglieder. Sie war völkisch-antisemitisch orientiert und bekämpfte die Novemberrevolution von 1918, den »Freien Volksstaat Bayern«, den Kurt Eisner ausgerufen hatte, und auch die Münchner Räterepublik, die sie für eine »jüdische Weltverschwörung« hielt. Nach 1919 begann ihr Niedergang, bis sie sich 1925 auflöste.

Mit ihr haben sich einige Verschwörungstheorien beschäftigt. Die Gesellschaft ging aus dem 1912 gegründeten antisemitischen Germanenorden hervor, der 1916 gespalten wurde. Zu Beginn des Jahres 1918 versammelte der Okkultist Sebottendorf die verbliebenen Anhänger des Ordens in München. Die altgermanische Anspielung im Namen der Gesellschaft sollte ihre politischen Ziele verdecken. 1919 wurde der Orden als »Thule-Gesellschaft zur Erforschung deutscher Geschichte und Förderung deutscher Art e. V., Sitz München« ins Vereinsregister aufgenommen. Die Mitglieder trafen sich von 1919 bis 1924 im Münchner Luxushotel Vier Jahreszeiten. Unter ihnen fanden sich vor allem Akademiker, Aristokraten und Geschäftsleute. Das Emblem der Gesellschaft bestand aus einem Hakenkreuz mit Strahlenkranz hinter einem blanken Schwert. Ihre Motti lauteten: »Halte dein Blut rein« und »Bedenke, dass du ein Deutscher bist«.

Die Thule-Gesellschaft verstand sich als Geheimbund und zeigte großes Interesse an bizarren nordischen okkulten bzw. mystischen Vorstellungen. Sie vertrat aber auch völkische und antisemitische politische Ideen, zudem spielten ariosophische Lehren eine gewisse Rolle. (Ariosophie beschreibt die Geheimlehre des Lanz von Liebenfels, der 1900 zusammen mit seinen Brüdern den »Orden des neuen Tempels« gründete.) Ihr Schwerpunkt lag nicht nur im Esoterischen, sondern auch in der Erforschung der Kultur und der religiösen Praktiken

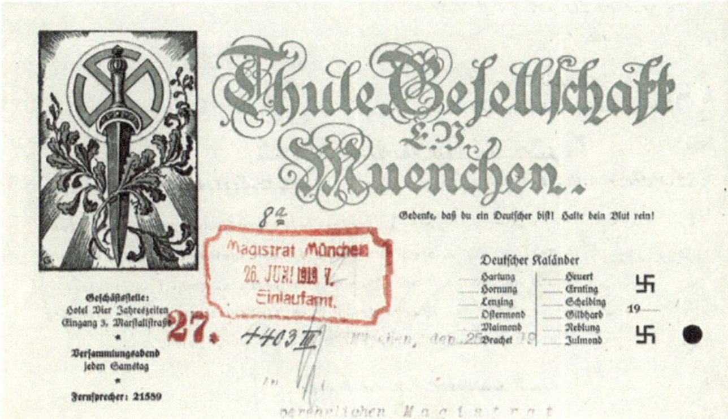

Der Briefkopf der Thule-Gesellschaft

Thules. Hinzu kam die Aufgabe, die Grundlagen für die Erschaffung eines »neuen« Deutschlands zu erarbeiten. Die Gesellschaft verbreitete massive antisemitische Propaganda, bezeichnete den Juden als »Todfeind des deutschen Volkes« und vertrat die Auffassung, dass die unruhigen Zustände der Rätezeit in Wirklichkeit Folgen einer jüdischen Weltverschwörung seien. Politisch strebte die Gesellschaft eine Diktatur und die Vertreibung der Juden aus Deutschland an. Zur Propaganda diente auch ihr Publikationsorgan *Münchener Beobachter*, der dann 1920 von der NSDAP übernommen wurde und den Namen *Völkischer Beobachter* annahm.

Nach der Ausrufung des Freien Volksstaates Bayern 1918 durch Kurt Eisner kam es zur Gründung des »Kampfbundes« Thule, der den militärischen Zweig der Thule-Gesellschaft bildete. 1918 war er an der Vorbereitung eines Staatsstreiches beteiligt; er verübte auch verschiedene Gewalttaten indirekt oder direkt. Der paramilitärische Bund war zudem an verschiedenen gegenrevolutionären Aktionen beteiligt, wie z. B. am Lotter- und Palmsonntagsputsch. Eisner wurde 1919 ermordet, nachdem ihn die Thule-Gesellschaft als einen Landesverräter und Zerstörer bayerischer Traditionen diffamiert hatte. Mehrere Personen, die sich dann später in der NSDAP profilierten, waren »Gäste« der Thule-Gesellschaft, darunter Alfred Rosenberg, Rudolf Heß und Hans Frank. Adolf Hitler nahm zwar an einigen Treffen der Gesellschaft teil, war aber nicht Mitglied.

Die 1919 ausgerufene Münchner Räterepublik wurde von der Thule-Gesellschaft massiv kritisiert und bekämpft. So unterwanderten Thule-Aktivisten die Münchner Rote Armee und die kommunistische Partei, um wichtige Informationen zu sammeln. Sebottendorf bot in der Zeit der Räteherrschaft in München im Hotel Vier Jahreszeiten völkisch ausgerichteten Organisationen Unterschlupf, etwa der Nationalliberalen Partei, dem Alldeutschen Verband, dem Deutschen Wehrverein und dem Deutschnationalen Handlungsgehilfen-Verband. Noch 1919 wurde das Hotel von der räterepublikanischen Militärpolizei gestürmt, es kam zur Verhaftung von etwa 20 Personen. Ende April wurden sieben von ihnen, die sich in der Gewalt der Militärpolizei befanden, darunter auch Prinz Gustav Franz Maria von Thurn und Taxis und drei weitere Adelige, erschossen. Dieser Vorgang wurde als »Geiselmord« kritisiert und löste in München einen Aufstand aus, der von der Thule-Gesellschaft organisiert wurde und auch internationales Aufsehen erregte. Dieser Aufstand und der Einmarsch der gegenrevolutionären Freikorps führten schließlich zur Niederschlagung der Räterepublik.

Nach dem Ende der Münchner Räterepublik kündigte sich das Ende der Thule-Gesellschaft an, die in der völkischen Bewegung an Bedeutung stark verloren hatte. Später gab es mehrere Neugründungsversuche, die aber erfolglos blieben. Sebottendorf verbreitete auch das Gerücht, dass die Thule-Gesellschaft die politischen Ideen und die organisatorische Struktur der Deutschen Arbeiterpartei vermittelt habe. Er versuchte 1933, sich mit seinem Buch *Bevor Hitler kam* als Vorläufer des Nationalsozialismus hervorzutun, was aber auf den Widerstand der nationalsozialistischen Führung stieß. Nach dem Zweiten Weltkrieg kamen im Zusammenhang mit der Thule-Gesellschaft verschiedene Mythen und Spekulationen, auch Verschwörungstheorien, in Umlauf, bei denen Sebottendorfs Memoiren eine große Rolle spielten. Vor allem wurde die wirkliche Bedeutung der Thule-Gesellschaft für die Entstehung der NSDAP stark übertrieben. Kritisiert wurden auch ihre angeblich satanistischen Praktiken und ihre okkulten, esoterischen Rituale.

Die Vril-Gesellschaft, deren Existenz nicht belegt ist, wird in der Literatur als eine Wegbereiterin des Nationalsozialismus dargestellt. Der Begriff »Vril« entstammt dem Roman von Edward Bulwer-Lytton *The Coming Race*, der zuerst anonym in Edinburgh 1871 herauskam. 1873 erschien auch eine englischsprachige Ausgabe in Deutschland, diesmal mit Angabe des Autors. In okkulten Kreisen war dieses Buch weit verbreitet. Es beschreibt eine Rasse von »Übermenschen«, die »Vril-Ya«, die über eine geheimnisvolle Naturkraft namens »Vril« verfügen sollen. Mit Hilfe dieser Naturkraft könne man alle Formen von Materie und das organische Leben beherrschen. Dank dieser Kraft könne sich eine egalitäre, Eugenik praktizierende Gesellschaft entwickeln, die der menschlichen technisch weit überlegen sei.

Diese »Vril-Kraft« und das »Vril-Ya« fanden dann Eingang in die Spekulationswelt der Theosophie und verbanden sich auch mit philosophischen Ideen über »Lebenskraft«. In England galt »Vril« als geheime Macht. Im Okkultismus wurde der Begriff auch synonym für geheime Naturkräfte benutzt. In Deutschland machte ihn der Erfolg des Nationalsozialismus mit der Verbreitung obskurantischer Ideen nach dem Ersten Weltkrieg bekannt. Später kam sogar die Behauptung auf, dass die »Vril-Gesellschaft« die Ufos erfunden habe und für die Entdeckung »freier Energie« verantwortlich sei.

Im deutschen Sprachraum entstand in der Zwischenkriegszeit auch die »Adonistische Gesellschaft«, die einer geheimen Religion anhing, aber keinen nationalsozialistischen Hintergrund hatte. Der Erfinder des »Adonismus« war Franz Sättler, der aus kleinbürgerlichen Verhältnissen stammte und klassische Philologie studiert hatte, bis er sich der Orientalistik zuwandte. Sättler wirkte unter dem Pseudonym »Dr. Musallam«, publizierte verschiedene Bücher und trat auch als Religionsstifter hervor. Nach eigenen Angaben gründete er 1925 die »Adonistische Gesellschaft«, die angeblich in Deutschland 7000, in Österreich 4000 und in der Schweiz 3000 Mitglieder aufwies. In Wirklichkeit bestand diese Gesellschaft aber immer nur aus kleineren Zirkeln an Okkultismus interessierter Menschen. Während der Zeit des Nationalsozialismus wurde die Gesellschaft bald wie die Freimaurerlogen verboten. Die Lehre Sättlers verstand sich als eine altorientalische Urreligion, und sie vermischte theosophische Lehren mit Elementen antiker Religionen.

In der Entwicklung der Geheimbünde der Zwischenkriegszeit unterscheidet man drei Perioden: Die erste Phase reichte bis zum Kapp-Putsch (13. März 1920), die zweite bis zum Ende des Ruhrkrieges im April 1920, und die dritte war gekennzeichnet durch die Aufstellung der »Schwarzen Reichswehr«

(1921). In der ersten waren die Geheimbünde nur lokal organisiert und standen in einem losen Verhältnis zueinander. Unter dem Vorwand der Reichstreue, der nationalen oder völkischen Idee sahen sie ihre Aufgabe vor allem darin, den Kampf gegen die Weimarer Verfassung, den Marxismus und die »Judenrepublik« zu führen. Bayern war dabei ihr Ausgangspunkt. Aus den Geheimbünden sind auch viele politische Attentäter hervorgegangen. Bis zum Kapp-Putsch waren auch Sozialisten führend beteiligt. Zu nennen wäre in diesem Zusammenhang die »Eiserne Division«, deren Führer Hauptmann Rudolf Berthold war.

Die Mafia

Die Mafia war und ist ein streng hierarchischer Geheimbund, dessen Wurzeln ins 19. Jahrhundert zurückreichen. Alles begann in Sizilien, von wo aus dieser Geheimbund weltweite Aktivitäten entfaltete und enge Kontakte zu mafiaähnlichen Gruppierungen unterhielt. Der Begriff Mafia (Maffia) leitet sich vom arabischen Wort für ›Zufluchtsort‹ ab. Die historischen Wurzeln der Mafia, der »Ehrenwerten Gesellschaft«, liegen in der Zeit der Unterdrückung durch die grundbesitzenden Feudalherren. Die moderne Mafia entstand allerdings erst im 19. Jahrhundert, als sich Widerstand gegen die despotischen Regierungen bildete.

Die soziale Grundlage dieser Geheimgesellschaft war die Familie. Im erbitterten Hass auf die Regierungen klammerte sich Siziliens Bevölkerung an die Einheit der Familie oder des Stammes, da diese ihnen Schutz boten. Die Familiendisziplin wurde von den Mafiosi als *omertà* bezeichnet; und dieses Prinzip der Verschwiegenheit mussten die Mitglieder strikt einhalten. Dazu gehörte auch die unbedingte Weigerung, staatlichen Behörden Informationen weiterzugeben. Im Ehrenkodex der Mafia hatten Selbstachtung, Ehre und Pflicht einen hohen Stellenwert.

Im Verlauf des 19. Jahrhunderts wurden Banden geächteter Familien zu den eigentlichen Herren Siziliens, zumal die Großgrundbesitzer ihr Land nicht mehr selbst bewirtschaften wollten. Sie setzten lieber Agenten ein, die sich Gabellotti nannten und das Land bestellen sollten. Sie mussten an die Besitzer eine feste jährliche Abgabe entrichten; viele Gabellotti stammten aus alten Mafiafamilien. Sie zogen es vor, das Land an die bäuerliche Bevölkerung weiterzuverpachten.

Die Gabellotti zogen nun ihrerseits Abgaben von ihren Unterpächtern ein und kauften den Grundherren die Güter ab, um ihre Kontrolle über die Stadtbehörden zu festigen. So zwang die Mafia ihre Schutzherrschaft der Bevölkerung in Sizilien auf und profitierte von jedem Geschäft, das auf der Insel geschlossen wurde. Sie entwickelte sich zu einer Macht der Ordnung und Gesetzlichkeit, allerdings handelte es sich um eine Gesetzlichkeit nach ganz eigenen Mafiavorstellungen. Ihre Organisation stützte sich auf die Struktur der Familien, die von einem gewählten Oberhaupt geführt wurden. Der *Capofamilia* war der Herr des ganzen Gebietes und unabhängig. Er sollte aber mit allen übrigen örtlichen Leitern der Mafia zusammenarbeiten und sich dem gewählten gemeinsamen Oberhaupt, dem *Capo de capi,* unterordnen. Bald war die Mafia nicht mehr nur in Sizilien aktiv, sondern fasste auch in Tunis und Marseille sowie Nord- und Südamerika Fuß.

Der Geheimbund hatte bestimmte Kennworte und Zeichen, an denen ein Mafioso ein anderes Mitglied erkennen konnte. Bei der rituellen Aufnahme in den Geheimbund stach man dem Aufzunehmenden mit einer Nadel in die Spitze des Mittelfingers, wobei das Blut auf ein kleines Heiligenbild aus Papier gepresst wurde. Das Papier wurde verbrannt und die Asche in die Hand des Anwärters gelegt. Dieser musste dann folgenden Eid ablegen: »Ich schwöre, meinen Brüdern treu zu sein, sie niemals zu verraten, ihnen immer zu helfen; und wenn ich das nicht tue, so will ich verbrannt sein und zu Asche werden, gleich der Asche dieses Bildes«.

Obwohl der Familienzusammenhalt in der Mafia eine große Rolle spielte, gab es zwischen den Familien auch Auseinandersetzungen und Fehden, wobei das Gesetz der *vendetta*, der Blutrache, den Frieden immer wieder aufs Spiel setzte. Dieses Gesetz schrieb vor, nicht nur beim Tod eines anderen Mitglieds Rache zu üben, sondern auch den Tod eines Blutsverwandten zu rächen. Dass Blutrache häufiger vorkam, beweisen die vielen Morde, die in verschiedenen Städten, insbesondere in der Mafiahochburg Corleone, verübt wurden.

Im ausgehenden 19. und Anfang des 20. Jahrhunderts wanderten arbeitslose Landarbeiter von Sizilien besonders nach Amerika aus, wo sie vor allem in den Häfen Beschäftigung fanden. Es gelang ihnen nach anfänglichen Schwierigkeiten, sich in den von Italienern bewohnten Bezirken als Anführer durchzusetzen und an Ansehen zu gewinnen. Die amerikanische Öffentlichkeit hingegen wurde auf diese neuen Gruppen erst aufmerksam, als zwischen den Italienern Fehden ausbrachen.

Die amerikanische Mafia unterschied sich allerdings stark von den sizilianischen Familien, weil die *omertà* und der Ehrenkodex nicht immer streng eingehalten wurden. War die Stärke der sizilianischen Mafia die Bindung an die Familie, so erwies sich diese Stärke in Amerika als Nachteil. Die dortige

Mafia schwächte sich vor allem im Kampf gegen rivalisierende Verbrecherbanden. Auch die Zerstörung, die bisweilen eine Selbstzerstörung war, der patriarchalischen und auf Erbfolgen aufbauenden Struktur der amerikanischen Mafia beseitigte die soziale Basis für die *omertà* (Schweigepflicht). Die aus dem 19. Jahrhundert stammende Tradition der Erpressung wurde in den USA obsolet, weil die dortige Gesellschaft mit ihrem *big business* viel brutaler wurde und die Techniken des Profits verfeinert hatte. Die neue amerikanische Mafia wurde selbst Eigentümer von Wirtschaftsunternehmen.

In Italien wandelte sich die Mafia zu einem wichtigen Wirtschaftsfaktor, es entstand ein Staat im Staate. Der Erfolg der neuen Mafia in Industrie und Politik war auf neue Erpressungstechniken zurückzuführen, die sich von älteren beträchtlich unterschieden, wobei die Kontakte zur amerikanischen Mafia eine nicht zu unterschätzende Rolle spielten. Wirkte früher die Mafia als außerstaatliche Macht des Gesetzes und der Ordnung, so identifizieren sich heute die Mitglieder in den verschiedenen Ländern mit dem Staat. Die Mafia versuchte sogar mit Erfolg, direkt in die Politik vorzudringen, und stellte auch eigene Kandidaten bei Wahlen auf. Besonders auf lokaler und regionaler Ebene wurden mafiose Politiker in Institutionen eingeschleust.

Noch wichtiger war für die Mafia die Wirtschaft. Dort wurde der Aufbau von Strukturen für die Geldwäsche zu einer Art strategischem Ausgangspunkt, um sich international von der klassischen zur modernen Mafia weiterzuentwickeln. Nachdem in Italien der Faschismus ihr heftigster Gegner gewesen war, lebte die Mafia nach 1945 auf und verbreitete sich, wobei die engen Kontakte zum amerikanischen Zweig eine Rolle spielten. Heute wird der Begriff Mafia meist als Synonym für

»organisierte Kriminalität« verwendet. Der Organisation werden gewalttätige und verschworene Kriminalität, Geschäfte mit Prostitution, Menschenhandel, Drogenhandel und Erpressungen, illegales Glücksspiel und die systematische kriminelle Unterwanderung von legalen Wirtschaftssektoren vorgeworfen.

Die Mafiaorganisationen in Italien haben heute verschiedene Bezeichnungen. Die *Camorra* beherrscht vor allem den Drogenhandel in und um Neapel, wo verschiedene Familien um die Vorherrschaft ringen. In Sizilien wirkt die *Cosa Nostra*, in Kalabrien hat sich die *'Ndrangheta* durchgesetzt, in Apulien die *Sacra Corona Unita* und in Sizilien auch die kleinere Organisation *Stidda*. Viele kriminelle Organisationen und Bündnisse sind zwar nicht der Mafia im engeren Sinne entsprungen, aber sie werden unter diesem Begriff zusammengefasst. Schließlich entsprechen sie dem mafiosen Typus der Geheimgesellschaft, ohne aber über den sozialhistorischen Kontext der Mafia zu verfügen. Solche kriminellen Bündnisse gibt es in Albanien, in Deutschland, in Griechenland, in Kolumbien, in Polen, in Russland, in Serbien, in der Türkei und in den Vereinigten Staaten. Als Beispiele hervorzuheben wären die kolumbianischen Drogenkartelle und der lateinamerikanische sowie der nordamerikanische Kokainmarkt. Geheimgesellschaften, die sich der organisierten Kriminalität widmen, gab und gibt es auch in asiatischen Ländern, wie z. B. die chinesischen »Triaden« und die japanische »Yakuza«.

Die italienische Freimaurerloge *Propaganda Due* (P2) wurde in den 1970er Jahren, um sich zu tarnen, ein politischer Geheimbund. Mitglieder der P2 unterwanderten systematisch Freimaurerlogen in Italien, hielten aber ihre Mitgliedschaft in den Logen geheim. Die Freimaurer nutzten den kirchlichen

Begriff »Propaganda«, um auf ihre *Propaganda Massonica* hinzuweisen, also auf die Verbreitung des Freimaurertums. Die P2 war 1897 in Rom als Gegenspielerin der Kurienkongregation *Propaganda Fide* (›Verbreitung des Glaubens‹) ins Leben gerufen worden. Während der Herrschaft des Faschismus wurde die P2 verboten. 1944 kam es zu einer Neugründung als zweite Loge des *Grande Oriente d'Italia*, doch 1972 wurde sie durch Beschluss des Großlogentages des *Grande Oriente* ausgeschlossen. Der Ausschluss wurde allerdings erst 1982 wirksam.

1967 wurde Licio Gelli vom Großmeister des Grande Oriente zum Sekretär der Loge P2 ernannt. Gelli war schon vorher in die Freimaurerei aufgenommen worden. Libero Mancuso, der als Staatsanwalt die Ziele und Aktivitäten der P2 untersuchte und auch eine Mitgliederliste bei Gelli gefunden hatte, erklärte in einer Stellungnahme:

> In dieser Liste standen die Namen aller hochrangigen Militärs, der Chefs der Geheimdienste, der Richter und Staatsanwälte und natürlich der Politiker, dann auch noch die Namen der Geschäftsleute. Zur gleichen Zeit fiel uns der sogenannte »Piano di Rinascita«, der Erneuerungsplan von Gelli, in die Hände, der die Verfassung des Staates ersetzen sollte. Erst hatte Gelli Terrorbanden finanziert, um den Umsturz herbeizuführen, dann hat er sich ab Mitte der 70er Jahre systematisch in den Staatsapparat eingeschlichen und beherrschte weite Teile der Politik. Wer irgendeine Führungsposition einnehmen wollte, der musste Mitglied der Loge P2 sein. Oder: Wer gute Geschäfte machen wollte … Und nicht nur das: über die P2 kontrollierten die westlichen Geheimdienste unser Land. Denn die P2 hatte alle in der Hand: Politiker, Militärs und unsere Geheimdienste. Alle.

Gelli wurde auch verdächtigt, Kontakte zur CIA zu unterhalten und Unterstützungszahlungen von zehn Millionen Dollar im Monat von der Regierung erhalten zu haben. Die P2 war nicht nur in Italien, sondern auch in mehreren südamerikanischen Staaten, insbesondere in Argentinien, aktiv. 1974 entzog der italienische Großlogentag des *Grande Oriente d'Italia* der P2 die Anerkennung, weil sich die Vermutung bestätigte, dass diese Loge das Ziel einer politischen Verschwörung verfolgte.

1975 warf Gelli dem Großmeister des *Grande Oriente* finanzielle Unregelmäßigkeiten vor, um ihn dazu zu bringen, ein Patent für eine neue Loge P2 auszustellen. Erst dann zog Gelli seine Anschuldigungen zurück. Mit diesem Patent wurde die P2 eine reguläre Loge und Gelli Meister vom Stuhl dieser Bauhütte. 1976 beantragte er zwar die »Einschläferung« der P2, das bedeutete aber nicht deren Auflösung. Vielmehr konnte die inaktive Loge nun im Geheimen ohne Kenntnis des *Grande Oriente* weiterarbeiten. Erst die Untersuchungen der in die Krise geratenen Banken des Freimaurers Michele Sindona, der Verbindungen zur sizilianischen Mafia hatte, rückten die P2 schrittweise in die Öffentlichkeit. Auch dass sie illegale Drogengelder der Mafia gewaschen hatte, wurde nun bekannt. 1981 fand man in Gellis Landhaus in Arezzo eine Liste von 962 Mitgliedern, so dass die Ermittler die Verschwörung schließlich aufdeckten. Dieser Vorgang sorgte für einen großen Skandal in Italien, zumal Gelli 1980 in einem Interview mit dem *Corriere della Sera* eine Änderung der italienischen Verfassung nach französischem Vorbild und die Einführung eines Präsidialsystems in Italien gefordert hatte. Die Geheimorganisation wurde durch das italienische Parlament aufgelöst und die Neuausstellung des Patents für die P2 vom damaligen Großmeister als illegal erklärt.

Im Abschlussbericht der parlamentarischen Untersuchungskommission konnte der P2 allerdings kein unmittelbar justiziables Vergehen nachgewiesen werden. Es wurde darin ausdrücklich betont, dass das Ziel des Geheimbundes zwar eine Unterwanderung der Regierung und somit eine Umgestaltung der Politik gewesen sei, nicht aber eine direkte Machtübernahme oder ein Putsch. Der Befund des Schwurgerichts von Bologna lautete aber anders: Die Loge P2 habe Kriminelle angestiftet, bewaffnet und mit dem Ziel finanziert, die Vorbedingungen für einen Staatsstreich zu schaffen. Einige der P2-Mitglieder seien auch direkt oder indirekt an den Attentaten und Putschversuchen der 1960er und 1970er Jahre beteiligt gewesen. Durch die Fälschung von Beweisen wurden dann allerdings die Verbrechen linksextremen Terroristen in die Schuhe geschoben. Auch versuchte man, die polizeilichen Ermittlungen zu behindern und die Polizei auf falsche Spuren zu lenken.

In den 1980er Jahren kam das ganze Ausmaß der Verschwörung des Geheimbundes ans Licht. Der tatsächliche Einfluss der P2 ist allerdings bis heute nicht endgültig geklärt. Der Geheimbund wirkte jedoch nicht nur in Italien, sondern auch in Argentinien, Uruguay und anderen südamerikanischen Ländern. Die Nachfolgeorganisation P3 wurde 2010 von den italienischen Behörden gleichfalls aufgelöst. 2011 gab es Hinweise auf eine Loge P4, die von Ermittlern in Italien systematisch abgehört wurde, so dass man davon ausgeht, dass die P2 in Italien weiterexistiert.

Afrikanische und asiatische Geheimbünde

Jeder Geheimbund hatte seine Riten, seinen Versammlungsort, seine Symbole und Erkennungszeichen, seine Geheimsprache, Kleidung, Masken und Tänze. Das gilt auch für die afrikanischen und asiatischen Gruppierungen. Die Initiation mancher Geheimgesellschaften dauerte lange Zeit oder war auch mit körperlichen Prüfungen wie der Zufügung von Wunden oder Geißelungen verbunden. In den sogenannten »Buschschulen« Afrikas, die junge Menschen auf das Erwachsenenleben in der Gemeinschaft vorbereiten sollten, gab es rituelle Tänze, manchmal auch eine Geheimsprache und mehrere Initiationsgrade. Die Riten umfassten nicht nur Gesänge und Tänze, sondern auch den Genuss einer betäubenden Pflanze. Die Medizinmänner galten als Wahrsager, Zauberer und Regenmacher und gingen auch »Blutbündnisse« ein, mit deren Hilfe sie Eigenschaften eines wilden Tieres zu erwerben versuchten. Der Glaube, dass Zauberer sich in Tiere verwandeln könnten, war weit verbreitet. Albert Schweitzer, der sich von 1913 bis 1917 im heutigen Gabun aufhielt, beobachtete solche Rituale bei Zauberern und Medizinmännern, die er ernst nahm und als Telepathie bezeichnete.

Auch bei den außereuropäischen Geheimbünden gab es

ganz unterschiedliche Initiationsriten und zum Teil esoterische Lehren. Häufig wurden bei den Initiationsfeiern bestimmte Weisheiten vermittelt, darunter Lehren über den Ursprung der Welt und Wegweisungen von der Erde zum Himmel. Manche dieser Geheimbünde wie z. B. die indische Sekte der Thugs praktizierten Ritualverbrechen. Diese radikalen Geheimbünde besaßen spezielle Erkennungszeichen und raubten häufig ihre Opfer aus, weshalb man sie als kriminelle Geheimgesellschaften charakterisierte.

Manche Mitglieder der kriminellen Geheimbünde betätigten sich als Giftmischer, vor allem die Frauen. Das wichtigste Ritual der kriminellen Geheimbünde im Allgemeinen war zweifelsohne das Menschenopfer. Dabei spielte der sogenannte »Panthermensch« eine große Rolle, der die Identität eines Tiers annehmen konnte. Besaß ein Mensch diese geheimnisvolle Kraft, verwandelten sich sein Körper und Geist in den eines Panthers. Manchmal kam in den Geheimbünden auch ritueller Kannibalismus vor, nicht selten aus magisch-religiösen Gründen. Bei den entsprechenden kannibalistischen Riten, die mit Initiationsgraden verbunden waren, spielten okkulte Kräfte, die man sich aneignete, eine Rolle. Den Zauberern wurde die Fähigkeit zugeschrieben, dass sie sich z. B. in Krokodile, Löwen- und Leopardenmenschen verwandeln konnten. Dieses Ritual sollte insbesondere der Seelenwanderung dienen.

Der »Voodoo«-Kult gilt ebenfalls als Geheimbund. Da seine Anhänger angeben, ihr Wissen über das Übernatürliche einer astrologischen Offenbarung zu verdanken, hat man ihn auch als eine Religion bezeichnet. Die Beschäftigung mit dieser Religion sollte dazu dienen, eine Vorstellung vom Wesen der Offenbarung zu gewinnen, die wiederum auf den traditionellen afrikanischen Naturreligionen aufbaute. Dem Voodoo-Kult allein vorbehalten war aber der Glaube an eine legendäre Stadt auf Haiti, die »La Ville aux Camps oder Ville aux-Can«, die ›himmlische Stadt der Macht des Feuers und der Sonne‹, hieß und als Ursprungsort des Kults galt. Der Name der Stadt wurde allerdings unterschiedlich interpretiert. Diese geheimnisvolle Stadt war für die Gläubigen des Voodoo der heiligste Ort. In Wirklichkeit liegt diese mystische Stadt allerdings im Süden Nigerias. Der Kult ist rituell und in religiöser Hinsicht ein Ahnenkult. Das Voodoo-Mysterium verbreitete sich vor allem in Marokko, Mauretanien, Niger, Liberia, Kamerun, Angola, Madagaskar, Ägypten und auch auf der arabischen Halbinsel.

In Sierra Leone und in Liberia etablierte sich der Geheimbund »Poro«. Er war einflussreich, weil die gesamte einheimische Bevölkerung seiner Gerichtsbarkeit unterstand. Der Geheimbund verfügte über ein umfangreiches Repertoire an Ritualen, Begriffen, Tätowierungen und Symbolen, die einer strengen Geheimhaltung unterworfen waren. Ähnlich wie die Freimaurerei wies der Geheimbund drei Grade auf: Den ersten Grad hatten die Häuptlinge und prominenten Männer inne, der zweite Grad war für die »Fetischpriester« und der dritte für die Gemeinde.

In Indien, Tibet und anderen Ländern Asiens haben sich Geheimbünde herausgebildet, die den Hinduismus bzw. Buddhismus esoterisch deuteten. Diese Deutungen erfolgten vor allem in den Lehren und Praktiken im Zusammenhang mit Darstellungen der Gottheiten. Die esoterischen Bücher, die sogenannten »Tantras«, beschreiben die höheren Ebenen des Bewusstseins bzw. die metaphysischen Offenbarungen. Die bereits erwähnte indische Sekte »Thuggee« war allerdings eine gefürchtete Untergrundbewegung von Räubern und Mördern, die ihre Aktivitäten mit einer hinduistischen Ideologie verband. Diese Organisation entstand im 13./14. Jahrhundert, zu einer politischen Bewegung wurde sie aber erst im 19. Jahrhundert. Die mörderischen Raubzüge, die dieser Geheimbund unternahm, fassten die Mitglieder als »heilige Pflicht und besondere Form der Verehrung der Kali« auf. Die Morde erfolgten durch Strangulierung mit einer gelben Kordel. Die von den Thuggee verehrte Göttin war Kali, die »Schwarze«, die mit Tod, Untergang, Vernichtung und Krieg in enger Verbindung stand. Die Mitglieder verfügten über ein eigenes System chiffrierter Sprache und kannten die »Omina«, die als Befehle der Göttin ausgelegt wurden. Im 19. Jahrhundert gingen die britischen Kolonialherren energisch gegen den Geheimbund vor, was später zu seiner Zerschlagung führte.

Die politischen Geheimbünde in China haben die Unzufriedenheit des Volkes mit den politischen, wirtschaftlichen und religiösen Zuständen erfolgreich für ihre Zwecke genutzt. Bis zum Beginn des 20. Jahrhunderts verbanden sie politische und wirtschaftliche Zielsetzungen mit ausgefallenen mystischen Träumereien. Die kaiserlichen Herrscher stützten sich auf die konfuzianische Philosophie und gingen davon aus, dass sie ihr Mandat vom Himmel erhalten hatten, so dass die Geheimbünde Revolten und Aufstände für legitim hielten. Das Symbol fast aller politischen Geheimbünde war das Schriftzeichen »Yi«, das so viel wie ›Gerechtigkeit‹ bedeutet. Viele Geheimbünde verfolgten nämlich das politische Ziel, die unrechtmäßigen Besetzer ihrer Gebiete durch heimliche Unterwanderung oder auch Gewalt zu vertreiben. Die Namen dieser Geheimgesellschaften lauteten »Weiße Westen«, »Kurzes Schwert«, »Meer und Erde« oder »Wasserlilie«. Es gab aber auch die Gesellschaft der »Familie der Königin des Himmels« und die »Bruderschaft des Himmels und der Erde«, die unter dem

Namen »Triade« aktiv war. Alle erwähnten Bünde führten Initiationen und geheime Rituale durch.

Der Geheimbund »Weißer Lotos« spielte in der chinesischen Geschichte eine zentrale Rolle. Er galt als einer der ältesten Vereinigungen in China und hat sich wahrscheinlich aus dem sektiererischen Mysterienbund »Weiße Lotosblume« herausentwickelt. Dieser Geheimbund hatte bereits die wesentlichen Merkmale, die die chinesischen Geheimbünde in der Neuzeit aufwiesen, nämlich die enge Verbindung zwischen Religion, Mystizismus, Magie und Verschwörertätigkeit.

Ein weiterer chinesischer Geheimbund war die Vereinigung »Faust der Eintracht und der Gerechtigkeit«, die besonders in Kengtung im heutigen Myanmar wirkte und als ein Ableger der berüchtigten Triade galt. Die Engländer gaben diesem Geheimbund den Namen »Boxer« oder »Lange Messer«. Es gelang ihm, im Laufe der Jahrzehnte in China ein dichtes Verbindungsnetz aufzubauen; der sogenannte »Boxeraufstand« wurde im Jahr 1900 allerdings niedergeschlagen. Die Ziele der »Boxer« waren die Verteidigung des Kaiserthrones und die Vernichtung der immer mehr nach Asien vordringenden Weißen. Die geheimen Initiationszusammenkünfte der Mitglieder fanden in ihren Tempeln statt. Bei ihren Zusammenkünften und Ritualen wurden verschiedenste Gegenstände benutzt, etwa Schwerter, Rechenbretter, siebenarmige Leuchter, weiße Fächer, Waagen, Spiegel, rote Lampen, Scheren, Reisscheffel und anderes.

Die Initiationsriten waren sehr komplex und wiesen gewisse Gemeinsamkeiten mit den Ritualen der Freimaurerei auf. In der Praxis wurden sie allerdings häufig vereinfacht und auch abgekürzt. Im Zentrum der Initiation stand die legendäre Reise der Mönche des buddhistischen Ordens Shaolin, die dem Feuer entflohen, das von mandurischen Truppen in ihrem

Ein Gruppenfoto von einem Yakuza-Treffen, auf dem die traditionellen Tätowierungen des Bundes gut zu erkennen sind

Kloster gelegt worden war. Ihre Reise führte sie in das »Lager des allgemeinen Friedens«, an den vermuteten Gründungsort der »Hong-Bruderschaft«. Die letzte Phase des Initiationsritus bezog sich auf die mythische »Stadt der Weiden«, die durch einen Reisscheffel mit den Standarten des Ordens symbolisiert wurde. Diese Legende wurde auch für politische Zwecke instrumentalisiert. Die Triade besaß außerdem eine gesprochene und geschriebene Geheimsprache. Wer sich ihr anschließen wollte, musste einen Eid im Rahmen eines Zeremoniells ablegen. Die meisten chinesischen Geheimbünde hatten eine politische Zielsetzung, es gab aber auch einige mit eigenen Lehren über chiliastische Vorstellungen.

Innerhalb der japanischen Geheimbünde muss man zwischen religiösen Gruppierungen wie buddhistischen, kleinbuddhistischen, taoistischen oder schintoistischen Bewegungen einerseits und korporativen, nationalistischen und politischen Vereinigungen andererseits unterscheiden. Unter den politischen Geheimgesellschaften waren der »Schwarze Drache von Toyama« und die »Kaiserlich-japanische Gesellschaft des Generals Araki« die bekanntesten. Ihre politischen Aktivitäten nahmen besonders zwischen den beiden Weltkriegen merklich zu, denn sie wollten die Umsetzung der ehrgeizigen expansionistischen Ziele Japans fördern.

Die japanische Yakuza entstand aus dem altjapanischen Feudalsystem und war integraler Bestandteil der traditionellen Sozialordnung. Die Mitglieder dieses Geheimbundes schützten die lokale Bevölkerung vor Räuberbanden. Die Organisation war, wie andere Geheimbünde, hierarchisch aufgebaut und pflegte Auslandsbeziehungen zu Südkorea und Thailand, auch zu den USA und zu Australien. Yakuzas innere Struktur wies Ähnlichkeiten zur Mafia auf, weil die Familienmetaphorik auch dort eine wichtige Rolle spielte. Der »Vater« war das Oberhaupt und besaß absolute Autorität, der sich die Familienmitglieder unterwerfen mussten.

Die Yakuza wird von der Forschung auch als kriminelle Vereinigung eingestuft, weil sie in der Prostitution, im Glücksspiel und in der Schutzgelderpressung ihre Hände im Spiel hat, wobei sie auch häufig Gewalt angewendet hat. Heute zählen illegale Geldgeschäfte und Geldwäsche zu ihren bevorzugten Tätigkeiten. Viele Mitglieder der Yakuza waren und sind heute Geschäftsleute, die sehr häufig in der Kreditvergabebranche oder in der Personalvermittlung arbeiten. Als wichtigstes Kennzeichen der Mitglieder gelten die großflächigen Tätowierungen, die die genaue Gruppenzugehörigkeit und den Rang innerhalb des Geheimbundes festlegen.

Islamische Geheimbünde

Um den islamischen Geheimbund der Assassinen rankten sich Legenden und Spekulationen, die seine Einordnung in die Geschichte der Geheimbünde erschweren. Die Blütezeit des Bundes war der Zeitraum von 1080–1270. In der älteren Literatur wird der Geheimbund als militante »Kriegersekte« bezeichnet. Aus religions- und geistesgeschichtlicher Perspektive sind die Assassinen zum schiitischen Islam ismailitischer Ausrichtung zu rechnen. Sie verstanden sich als Esoteriker und waren Anhänger von Geheimlehren. Ihre historischen Wurzeln reichen zurück bis zu den Auseinandersetzungen, die sich über die Nachfolge der ägyptischen Kalifendynastie der Fatimiden ergaben. Die Assassinen bildeten den radikalen und militanten Flügel der Ismailiten, die als schiitische Religionsgemeinschaft bereits seit dem 8. Jahrhundert existierten.

Der politische Mord spielte eine große Rolle im Kampf der Assassinen gegen die sunnitischen Seldschuken, die im 11. und 12. Jahrhundert einen Großteil des Nahen Ostens beherrschten. Als Tatwaffe wurde der Dolch bevorzugt. Der Assassine als Attentäter galt als »Geweihter«, der immer bereit war, sein Leben zu opfern, weil er sich als Märtyrer eines noch zu errichtenden Gottesstaates verstand. Der Name Assassinen stammt

Die Bezeichnung **Assassinen** wurde in der christlichen Geschichtsschreibung des Mittelalters für Angehörige der schiitisch-islamischen Glaubensgemeinschaft der Nizariten verwendet. Bis heute verbindet man damit eine Gemeinschaft mit der Bereitschaft zu absolutem Gehorsam, religiösem Fanatismus, geheimnisvollem Sektierertum und politischem Meuchelmord, so dass sich der Begriff ›Assassinen‹ in mehreren europäischen Sprachen in den Worten für ›Mörder‹ und ›Mord‹ niedergeschlagen hat. Mörder beispielsweise heißt auf Englisch und Französisch *assassin*, auf Spanisch *asesino*.

aus der christlichen Geschichtsschreibung des Mittelalters, die so die Angehörigen der schiitisch-islamischen Glaubensgemeinschaft der Nizariten bezeichnete. Ihre Hauptkennzeichen waren die Selbstaufopferung, der unbedingte Gehorsam, der religiöse Fanatismus, der politische Meuchelmord und das geheimnisumwobene Sektierertum.

Berüchtigt und gefürchtet war der Geheimbund vor allem wegen seiner vielen Attentate. Höchstwahrscheinlich haben die Assassinen vom Gebiet der Christen aus in den Jahren nach dem Pogrom von Damaskus 1129 ein eigenes Herrschaftsgebiet errichtet. Bei jenem Massaker hatte die sunnitische Mehrheitsbevölkerung viele Angehörige der Assassinengemeinde ermordet. Die Überlebenden ließen sich vor allem in der Gebirgsregion des Dschebel Ansariye nieder, die von der Levanteküste bis zum Orontes reichte und eine Art Niemandsland zwischen den Kreuzfahrerstaaten und dem syrischen Herrschaftsbereich der Zengiden darstellte. Sie nahmen verschiedene Burgen in Besitz und konnten dadurch ein kleines Territorium kontrollieren. Die Burg Masyāf wurde 1270 der Hauptstützpunkt der Assassinen.

Organisatorisch war ihr Geheimbund eine Theokratie. Die soziale und religiöse Führung wurde in diesem System einem Missionar übergeben, der die Bezeichnung »Rufer« trug. Jede Kommune hatte einen eigenen Rufer, so dass die Gesamtgemeinde der Nizariten von einem Chefmissionar geführt wurde, der die Bezeichnung »Großmeister« bekam. Da er als geistig-moralische Instanz galt, wurde ihm auch der Titel Scheich verliehen. Mitte des 12. Jahrhunderts waren die Assassinen zu Territorialherrschern aufgestiegen und mussten sich in zwischenstaatlichen Beziehungen und Auseinandersetzungen behaupten, was für sie nicht einfach war, weil sie eine konfessionelle Minderheit des Islam darstellten. Da sie keine eigene Heeresmacht hatten, konzentrierten sie sich auf Messerattacken gegen ihre politischen Feinde. Von ihrem Hauptsitz Qadmus aus terrorisierten sie ihre Nachbarn.

Der Templerorden unternahm daraufhin eine Strafexpedition in die Berge und Täler der Assassinen, deren Ruf als unberechenbare, meuchelmörderische Sekte sich stark verbreitete. Es wird auch berichtet, dass die Assassinen dem Orden der Templer einen jährlichen Tribut von 2000 Dinaren zahlten. Baibars I., Sultan von Ägypten und Syrien, ließ die Assassinen für sich arbeiten, so dass er als Auftraggeber für die Anschläge auf Philipp von Montfort, einen im heutigen Libanon ansässigen französischen Baron, und den Kreuzfahrer Prinz Eduard von England verdächtigt wurde. Die Assassinen planten aber auch ein Attentat auf Baibars selbst, das jedoch vereitelt werden konnte. Nachdem der Sultan von der Verschwörung der Assassinen erfahren hatte, ging er schonungslos gegen sie vor. Die Assassinenburgherren wurden zur Kapitulation gezwungen. Als letzte Burg fiel im Juli 1273 al-Kahf, womit der Assassinenstaat sein Ende fand.

In der islamischen Gesellschaft gab es darüber hinaus freimaurerähnliche Geheimbünde mit verschiedenen Gradsystemen und einer Arkandisziplin. Verglichen wurden mit der Freimaurerei vor allem die Derwisch-Gemeinschaften des Sufismus, die der islamischen Mystik zuzuordnen sind. Die Sufis sind Sunniten und zählen zu den heterodoxen Richtungen in den islamischen Geheimbünden, weil ihre Lehre ein Gemisch aus Esoterik, Theosophie und Initiation bildet. Die Sufis schlossen sich zu Bruderschaften und Initiationsgemeinschaften schon im 12. Jahrhundert zusammen, um den ihnen vorgeschriebenen Weg zu verfolgen, bis er zu Erleuchtung und Ekstase führe. Dabei spielen bestimmte rituelle Übungen eine große Rolle, wie z. B. der frenetische Kreistanz. An der Spitze der Bruderschaft steht ein Scheich oder Prior, dem die Sufis unbedingten Gehorsam leisten müssen.

Geheimbünde in der englischsprachigen Welt

Auch in den USA haben sich Geheimbünde im Laufe der Neuzeit herausgebildet, insbesondere nach dem Ende des Amerikanischen Bürgerkrieges (1861–1865). Am bedeutendsten war der Ku-Klux-Klan, vor allem in den Südstaaten der USA, der rassistische und auch gewalttätige Ziele verfolgte. Seit den 1950er Jahren gab es unter dieser Bezeichnung voneinander unabhängige Gruppierungen. Im Zentrum der Aktivitäten des Klans, der 1865 gegründet worden war, stand die Unterdrückung der schwarzen Bevölkerung. Der Geheimbund verstand sich als paramilitärische Gruppierung, die ihr Anliegen mit Terror und Gewalt durchsetzen wollte. Die Anschläge und Gewalttaten waren zunächst gegen Schwarze und deren Beschützer gerichtet, aber auch gegen ehemalige Mitglieder der Nordstaaten, die sich vom Wiederaufbau des Südens nach dem Sezessionskrieg Profit erhofften.

1870 wurde er vorübergehend aufgelöst, 1915 kam es zu seiner Neugründung. Danach verfolgte der Ku-Klux-Klan eine Politik, die die Vorherrschaft der weißen Bevölkerung fördern sollte. Der Klan war außerdem geprägt durch einen militanten Altkatholizismus und Antisemitismus. Nach dem Zweiten Weltkrieg bildeten sich verschiedene voneinander unabhängige Gruppen innerhalb des Klans aus, die Gewalttaten und sogar Morde verübten. Die Mitglieder nannten sich seit 1915 *Knights of the Ku-Klux-Klan* (›Ritter des Ku-Klux-Klans‹). Die Organisation setzte sich aus einem geheimpolitischen Netz zusammen und operierte unter dem Namen *Invisible Empire* (›Unsichtbares Reich‹). Sie knüpfte auch enge Verbindungen zu anderen rassistischen Vereinigungen in den USA, wie z. B. der *World Church of the Creator*. In Kanada und Australien, aber auch in mehreren europäischen Ländern bildeten sich Zweigorganisationen des Klans heraus.

Der Name Ku-Klux-Klan leitet sich von *kyklos* (dem griechischen Wort für ›Kreis‹) ab und steht für einen geheimen Zusammenschluss, für einen Zirkel von Eingeweihten. Die Gründer des Klubs waren sechs Offiziere, die im Sezessionskrieg der unterlegenen Konföderation der Südstaaten angehört hatten: Calvin E. Jones, John B. Kennedy, Frank O. McCord, John C. Lester, Richard R. Reed und James R. Crowe. Der Ku-Klux-Klan verfolgte ursprünglich keine politischen Ziele, wurde aber noch radikaler, weil die Südstaatler die Gleichstellung und Gleichbehandlung von Schwarzen und Weißen, die von den Nordstaaten eingeführt wurde, ablehnten. Auf dem Bundeskongress in Nashville 1867 wurde der Geheimbund mit seinen zahlreichen Ortsgruppen zu einer gemeinsamen Organisation zusammengefasst und eine einheitliche Führung installiert. Der Geheimbund erhielt auch eine Verfassung und wählte den ehemaligen Südstaatengeneral Nathan Bedford Forrest (1821–1877) zum ersten großen »Hexenmeister«. Die einzelnen Kleingruppen gingen aber nach wie vor unabhängig voneinander vor.

Die Schwarzen wurden vor allem an der Wahrnehmung und Ausübung ihrer neuerworbenen Bürgerrechte gehindert, und zwar durch Einschüchterung, Brandstiftung, Gewalt, Entführung und sogar durch Morde. Diese Maßnahmen des Klans richteten sich nicht nur gegen die ehemaligen Sklaven, sondern auch gegen jene, die mit den »Yankees« aus dem Norden zusammenarbeiteten, gegen Kriegsgewinnler und Bürgerrechtsaktivisten sowie gegen Mitglieder der Republikanischen Partei und der United States Army. Nach der Neugründung 1915 erweiterte der Ku-Klux-Klan sein symbolisches Repertoire um das brennende Feuerkreuz, das bis heute als Markenzeichen des Klans gilt. Nun stieß der Klan in den USA auf größeres Interesse und erhielt einen regen Zustrom. Der Geheimbund wurde durch geschickte Propaganda zu einem erfolgreichen Unternehmen, in dem kommerzielle und ideologische Überlegungen eine große Rolle spielten. Er wandte sich jetzt vor allem gegen Neueinwanderer, politisch engagierte Arbeiter, Gewerkschaftsfunktionäre, Intellektuelle, Juden und Katholiken. So wurde der Klan von einer paramilitärischen Organisation zu einer breiteren nationalen Bewegung, die über die Südstaaten hinausreichte.

Nach 1922 kam es unter den Klanführern zu Unstimmigkeiten, so dass einige von ihnen eigene Geheimbünde gründeten. Unter der Leitung von Hiram Wesley Evans entwickelte der Klan sich zu einer mächtigen Geheimorganisation. Einige Mitglieder des Ku-Klux-Klan machten auch politisch Karriere. Hauptsächlich aber verübte der Geheimbund Terrorakte und wurde langsam zu einer eigenen Macht im Staate. Der Bundesstaat Oklahoma verhängte 1923 das Kriegsrecht, um den Terror des Geheimbundes unter Kontrolle zu bringen, was aber dessen Aktivitäten nicht verhindern konnte. Allerdings nahmen die Spannungen und Abspaltungen innerhalb des Geheimbundes zu.

Seit den 1960er Jahren kam es dann zu einer Wiederbelebung verschiedener regionaler Klan-Organisationen, deren be-

Initiationsfeier des Ku-Klux-Klan 1923

deutendste die *White Knights of the Ku-Klux-Klan* (›Weiße Ritter des Ku-Klux-Klan‹) im Bundesstaat Mississippi waren. Die neuen Klangruppen setzten die gewalttätigen Aktionen gegen Schwarze und Bürgerrechtler in den Städten des Südens fort. Große Probleme bekam der Ku-Klux-Klan durch die Auflösung der größten noch bestehenden Klangruppe *United Klans of America* aufgrund einer Zivilrechtsklage. Der Geheimbund trat daraufhin nicht mehr als geschlossene Organisation in Erscheinung, sondern zersplitterte sich in einzelne unabhängige Sektionen in den USA. Inzwischen versuchen diese, Kontakte zu anderen rechtsextremen Bewegungen zu forcieren.

Der Geheimbund Ku-Klux-Klan verwendet weiterhin Zeichen und Symbole, unter denen das brennende Kreuz am bekanntesten ist. Es symbolisiert das Licht Jesu Christi, weil der Klan sich als radikale protestantische Organisation versteht. Charakteristisch für die Mitglieder ist auch das Tragen der weißen Kapuzengewänder als Symbol für Reinheit. Der Bund benutzte und benutzt außerdem chiffrierte Sprachformeln, um sich ohne Mitwisser über interne Angelegenheiten auszutauschen. Die Mitglieder müssen einen Initiationseid leisten. Der Geheimbund blieb aber nicht auf die USA beschränkt, sondern fasste auch Fuß in Kanada, in Australien und in verschiedenen europäischen Staaten. Seine Ideen reichen von der weißen Vorherrschaft und dem damit verbundenen Rassismus über Antisemitismus und Homophobie bis zum militanten Antikommunismus.

In den USA spielten aber auch studentische Vereinigungen als Geheimbünde eines ganz anderen Typus eine Rolle. Dazu gehörte etwa »Skull and Bones« (›Schädel und Knochen‹), eine studentische Assoziation der Universität Yale, die 1832 gegründet wurde. Dieser Studentenclub unterscheidet sich von anderen Studentenverbindungen trotz struktureller Gemeinsamkeiten durch den Grad der Geheimhaltung, die Unabhängigkeit von anderen Korporationen und Dachorganisationen und den Umfang des materiellen Vermögens. Geheimhaltung gilt als oberstes Gebot dieses studentischen Geheimbundes, was dazu geführt hat, dass er in den Mittelpunkt von Verschwörungstheorien geriet.

Skull and Bones blieb aber nicht die einzige studentische Verbindung mit Geheimbundcharakter, weitere Geheimbünde wie »Scroll and Key« (›Schriftrolle und Schlüssel‹) und »The Third Society« (›Die Dritte Gesellschaft‹), später umbenannt in »Wolf's Head« (›Wolfskopf‹), wurden gegründet. Insgesamt gibt es heute um die 40 Geheimgesellschaften allein in Yale. Ob sie als wirkliche Geheimgesellschaften bezeichnet werden können, ist umstritten, sie alle verpflichten ihre Mitglieder aber zur Geheimhaltung. Außerdem haben diese Geheimbünde eine Symbolwelt entwickelt, bei Skull and Bones etwa wurden der menschliche Schädel und Knochen als Symbol ausgewählt, eine eher martialische Ikonographie. Die Zahl 322, ein weiteres Symbol der Gesellschaft, bezog sich auf das Todesjahr des athenischen Staatsmanns und Redners Demosthenes.

Im Zusammenhang mit der Symbolik der Gesellschaft ist der angebliche Grabraub des Schädels von Geronimo, dem Kriegshäuptling der Bedonkohe-Apachen, im Jahr 1918 bedeutsam. Der Übeltäter soll Prescott Sheldon Bush gewesen sein – der Vater bzw. Großvater der US-Präsidenten George H. W. Bush und George W. Bush. Neben den drei Bush-Mitgliedern waren noch weitere Vertreter des politischen Establishments der USA mit Skull and Bones verbunden, insbesondere einflussreiche Ostküstenfamilien. Der geheime Studentenorden besaß auch makabre Initiationsrituale. Das wirkliche ›Geheimnis‹ von Skull and Bones lag und liegt allerdings in den Mechanismen der Machtreproduktion akademischer Eliten.

In England entstanden neben den früheren Freimaurerlogen verschiedene politische Geheimbünde, wie z. B. der Bund der »White Boys« (›Weiße Jungs‹), der in der zweiten Hälfte des 18. Jahrhunderts von hungernden Arbeitern und vertriebenen Pächtern gegründet wurde. Sie plünderten hartherzige Gutsherren aus, mordeten und verwüsteten das Land. Ähnliche Ziele hatten die »Oak Boys« (›Eichenjungen‹) und die »Right Boys« (›Rechte Jungen‹), weitere Geheimgesellschaften, die sich vor allem für die Abschaffung des Zehnten engagierten. Der Geheimbund der »Break of Day Boys« (›Dämmerungsjungs‹), der von Protestanten ins Leben gerufen wurde, zerstörte die Hütten der katholischen Nachbarn und vernichtete Vorräte wie Ackergeräte.

Im ausgehenden 18. Jahrhundert bildete sich der Geheimbund der »United Irishmen« (›Vereinigte Iren‹), der sich rasch zu einer großen Organisation entwickelte. Er verfolgte politische Ziele und setzte sich im Geheimen für ein Bündnis mit

Frankreich sowie die Gründung einer irischen Republik ein. Dieser Geheimbund nutzte verabredete Zeichen und Worte; es gab auch einen Eid zum unbedingten Gehorsam, zur Treue und strengen Geheimhaltung der Statuten und Ziele. Der Vordenker dieses Geheimbundes war Lord Edward Fitzgerald.

Nach einer vorübergehenden Krise organisierte sich der Geheimbund ab 1798 neu und widmete sich nun dem bewaffneten Widerstand gegen die britischen Kolonialherren. Als Reaktion auf die Ziele und Aktivitäten der »United Irishmen« entstand 1794 in Irland der Orden der »Orange Men«, dessen Name auf den Oranier Wilhelm III. und seinen Nachfolger Bezug nahm. Die Ziele des Bundes umfassten die »Aufrechterhaltung des protestantischen Übergewichts, die Erhaltung der wahren, durch den Staat geschützten Religion, den Schutz des protestantischen Hauses Hannover auf dem englischen Königsthron und die Verteidigung aller Mitglieder samt Besitztum gegen Angriffe der irischen Verschwörer«.

Ein weiterer Geheimbund, das »Junge Irland«, entstand nach dem Vorbild von Giuseppe Mazzinis Jungem Italien. Die Hauptaktivitäten dieser revolutionären Vereinigung waren Propaganda, die Verhetzung des Volkes und die Vorbereitung von Aufständen. Als besonders gefährliche Geheimgesellschaft traten in Irland die »Fenians« hervor. Ihre Gründer, Oberst John O'Mahoney (1815–1877) und Michael Doheny (1805–1863), gehörten auch dem Jungen Irland an und galten als Revolutionäre. Doheny war die Flucht nach Amerika gelungen, wo er sich an der Gründung der Fenians beteiligte. Hauptziel dieser Bruderschaften war die Trennung Kanadas und Irlands von England sowie die Gründung einer beide Länder umfassenden irischen Republik. Trotz der Verfolgung durch die britischen Behörden existierte der Bund im Geheimen weiter.

Macht und Bedeutung der Geheimbünde

Schon im einleitenden Kapitel habe ich darauf hingewiesen, wie wichtig das Geheimnis für Geheimbünde ist. Die Geheimhaltung kann sich auf die Namen der Mitglieder, die Ziele und Absichten, die Aktivitäten, Versammlungsorte und Riten beziehen. Das Geheime kann nicht nur den Bund selbst betreffen, sondern auch das »geheime Wissen«, mit dem er sich beschäftigt. Die Riten umfassen vor allem die Aufnahme eines Mitglieds, aber auch das innere Leben der Geheimbünde und deren Gradsysteme, falls vorhanden. Es gibt Geheimbünde, bei denen die Geheimhaltung als pragmatischer Schutz vor der Öffentlichkeit gesehen wird, weil die Mitglieder nach Bekanntwerden ihrer Mitgliedschaft mit Nachteilen zu rechnen hätten. Andere schätzen das Geheime als Wert an sich.

Geheimgesellschaften werden immer wieder überschätzt, was ihre Macht und Bedeutung angeht. Von ihrer Weltherrschaft und Weltregierung kann keine Rede sein. Auch die Unterstellung, Geheimbünde betrieben eine mafiose Ökonomie, ist stark übertrieben, weil sie nicht auf alle politischen Geheimgesellschaften zutrifft. Der Begriff »Macht« beschreibt eigentlich eine soziale Beziehung, in der Persönlichkeiten oder auch Institutionen das Verhalten anderer Personen oder Institutionen beeinflussen können. Der Soziologe Norbert Elias (1897–1990) verstand unter Macht eine elementare Struktur aller menschlichen Beziehungen, die bei der Erklärung sozialer Prozesse eine Rolle spielt.

Zweifelsohne weisen Geheimbünde gewisse Machtstrukturen auf, genau wie alle anderen menschlichen Beziehungen und politischen Institutionen. Angesichts der verschiedenen Erscheinungsformen von Macht lohnt sich außerdem ein Blick ins Werk des Soziologen Max Weber (1864–1920): Er hat Macht als die »Chance, innerhalb einer sozialen Beziehung den eigenen Willen auch gegen Widerstreben durchzusetzen«, beschrieben. Vielleicht wäre es sinnvoll, diese Definition auch zur Bestimmung der Machtstrukturen in den Geheimbünden zu verwenden.

Den Geheimbünden wird von ihren Gegnern nicht nur Machtmissbrauch unterstellt, sondern gern auch das Ziel, die Weltregierung bzw. Weltherrschaft anzustreben. Der erwähnte Vorwurf des Machtmissbrauchs wird manchmal mit dem Geheimwissen und der Geheimhaltung begründet. Auch die exklusive Mitgliedschaft spielt dabei eine nicht zu unterschätzende Rolle. Dass Geheimbünde den Lauf der Geschichte entscheidend beeinflusst hätten, ist aber mit Sicherheit im Bereich der Legendenbildung anzusiedeln.

Zweifelsohne wird die Erforschung der Geheimbünde und ihrer Geheimnisse durch die Tatsache erschwert, dass viele diesbezügliche Fakten nie in die Öffentlichkeit gedrungen sind oder verschleiert, verändert bzw. sogar vernichtet wurden. Der Umstand, dass Geheimbünde im Verborgenen agieren, lässt sich in manchen Fällen gut mit dem menschlichen Bedürfnis erklären, sich von Mitmenschen durch den Besitz eines Geheimnisses zu unterscheiden. Dazu gehört auch das Bestreben, das Geheimnis zu institutionalisieren. Aus der Sicht uneingeweihter Menschen, und das ist die breite Öffentlichkeit, verbergen die Geheimbünde mit ihrem geheimen Wissen, mit Mysterien und Magie häufig etwas Dunkles, Dramatisches und manchmal auch Unheimliches. In der Psychologie wird das Geheime sogar bisweilen als ein Schlüssel für unser Verständnis der zwischenmenschlichen Beziehungen bezeichnet.

Worin besteht aber der tatsächliche Einfluss der Geheimbünde auf unsere Gesellschaft? Eine seriöse und realistische Einschätzung der politischen Wirkung von Geheimbünden muss sich in erster Linie auf die Personen, auf die Ziele und die Programme beziehen. Neben politischen und gesellschaftlichen Strukturen spielen zweifelsohne einzelne Persönlichkeiten in der Geschichte der Geheimbünde eine wesentliche Rolle. Der tatsächliche Einfluss der Geheimbünde auf die Gesellschaft kann nur an einzelnen konkreten Beispielen erfasst werden, wie die kurzen Übersichten in diesem Band über die einzelnen Geheimgesellschaften verdeutlichen. Die Geheimbünde treten weniger als Beweger und Auslöser von Entwicklungen in Erscheinung, wohl aber als deren Verstärker. In diesem Sinne waren die Geheimgesellschaften mit ihren Ideen, Zielen und Handlungen am politischen, gesellschaftlichen und kulturellen Entwicklungsprozess vielfach direkt oder auch indirekt beteiligt.

›Öffentlichkeit‹ und ›Geheimnis‹ sind keine antithetischen Begriffe und das ›Geheimnis‹ nicht unbedingt ein Gegenbegriff zur ›Öffentlichkeit‹. Manchmal wird in der Forschung anstelle von ›Geheimnis‹ auch der Begriff ›Privatheit‹ verwendet. Bei den Geheimbünden mit ihren Geheimnissen sind die Erfahrungsmöglichkeiten allerdings anders zu beurteilen. Zweifelsohne ist das Geheimnis heute besonders aus der Sicht ihrer

Gegnerschaft eine negative Kategorie in der politischen Sprache geworden. Die Kritik, die das Geheimnis in die politische Defensive gedrängt hat, ist zwar ein Erbe der Aufklärung, inzwischen ist sie aber zu einem Kampfinstrument der politischen Propaganda geworden.

In der Zeit vor der Aufklärung beschrieb der Begriff ›Geheimnis‹ noch eine wichtige Dimension politischer Handlungen, die oft aus individuellen Absprachen im Rahmen der sogenannten »Geheimdiplomatie« bestanden. In den Staatstheorien bildeten Öffentlichkeit und Geheimnis zwei Pole in der Geschichte der Menschheit. Öffentlichkeit wurde als anthropologisch begründbarer sozialer Naturzustand des Menschen gesehen, während man das Geheimnis als die moralisch und kulturgeschichtlich beeinflusste zeitweilige Aufhebung dieses Zustandes verstand. Der Begriff »Geheimnis« (*arcanum*) entwickelte sich bereits im 16. Jahrhundert zu einem Zentralbegriff der politischen Handlungslehre bzw. zu einem spezifischen Herrschaftswissen. Sicher ist jedoch, dass das Prinzip der Geheimhaltung bei den Geheimbünden nicht nur zum Gegenstand gesellschaftlicher Hoffnungen oder vielleicht sogar Utopien wurde, sondern auch Befürchtungen, Ängste und Verschwörungstheorien hervorbrachte. In diesem Zusammenhang sind viele Vorurteile und Legenden entstanden.

Was bei der Forschung über Geheimbünde noch kritisch aufgezeigt und hinterfragt werden muss, ist die sogenannte »Untergrundkultur« vieler Geheimgesellschaften, deren Kenntnis Wesentliches zu ihrem Verständnis beitragen könnte. Dies ist vor allem für die Ideengeschichte der Geheimbünde von elementarer Bedeutung. In diesem Zusammenhang haben sich in der Zwischenzeit mehrere Forschungszentren gebildet, etwa in Innsbruck, die diesen Fragen nachgehen.

Lektüretipps

D'Alema, Giuseppe: Der aufhaltsame Aufstieg der Loge P2. Rheinheim 1984.

Carmin, E. R.: Das schwarze Reich. Geheimgesellschaften und Politik im 20. Jahrhundert. München 1997.

Caumanns, Ute / Niendorf, Mathias (Hrsg.): Verschwörungstheorien. Anthropologische Konstanten – historische Varianten. Osnabrück 2001.

Demurger, Alain: Die Templer. Aufstieg und Untergang. 1120–1314. München 1991.

Edighoffer, Roland: Die Rosenkreuzer. München 1995.

Fabian, Frank: Die mächtigsten Geheimbünde. München 2017.

Frenschkowski, Marco: Die Geheimbünde. Eine kulturgeschichtliche Analyse. Wiesbaden 2016.

Frick, Karl R. H.: Die Erleuchteten. Gnostisch-theosophische und alchemistisch-rosenkreuzerische Geheimgesellschaften bis zum Ende des 18. Jahrhunderts – ein Beitrag zur Geistesgeschichte der Neuzeit. Graz 1975.

– Licht und Finsternis. Gnostisch-theosophische und freimaurerisch-okkulte Geheimgesellschaften bis an die Wende zum 20. Jahrhundert. Wege in die Gegenwart. Graz 1978.

Goodrick-Clarke, Nicholas: Die okkulten Wurzeln des Nationalsozialismus. Graz 1997.

Graichen, Gisela / Hesse, Alexander: Geheimbünde. Hamburg 2007.

Halm, Heinz: Die Assassinen. Geschichte eines islamischen Geheimbundes. München 2017.

Kiesewetter, Carl: Geschichte des neueren Okkultismus. Wiesbaden 2007.

Kloft, Hans: Mysterienkulte der Antike. Götter. Menschen. Rituale. München 2010.

Kurth, Alexandra: Männer – Bünde – Rituale. Studentenverbindungen seit 1800. Frankfurt / New York 2004.

Lennhoff, Eugen: Politische Geheimbünde. München/Wien 1966.

Ludz, Peter Christian (Hrsg.): Geheime Gesellschaften. Heidelberg 1979.

Lupo, Salvatore: Die Geschichte der Mafia. Düsseldorf 2002.

MacKenzie, Norman (Hrsg.): Geheimgesellschaften. Genf 1969.

Miers, Horst E.: Lexikon des Geheimwissens. München 1993.

Reinalter, Helmut (Hrsg.): Der Illuminatenorden (1776–1785/87). Ein politischer Geheimbund der Aufklärungszeit. Frankfurt a. M. 1997.

– Die Weltverschwörer. Was Sie eigentlich alles nie erfahren sollten. Salzburg 2010.

– Die Freimaurer. München, 7. Aufl. 2016.

– Freimaurerei, Politik und Gesellschaft. Die Wirkungsgeschichte des diskreten Bundes. Wien 2018.

– Freimaurerei. Geheimnisse – Rituale – Symbole. Ein Handbuch. Leipzig 2017.

– Handbuch der Verschwörungstheorien. Leipzig 2018.

Schuster, Georg: Geheime Gesellschaften, Verbindungen und Orden. Wiesbaden. Reprint der Ausgabe 1905.

Zerling, Clemens: Die Rosenkreuzer. Geschichte einer Idee zwischen Mythos und Wirklichkeit. Graz 2009.